讀圖識中國歷史

商務印書館

歷史可以這樣讀——

用圖像構擬歷史場景／用圖表呈現歷史制度
用地圖展示歷史變遷／用文字講述歷史事件

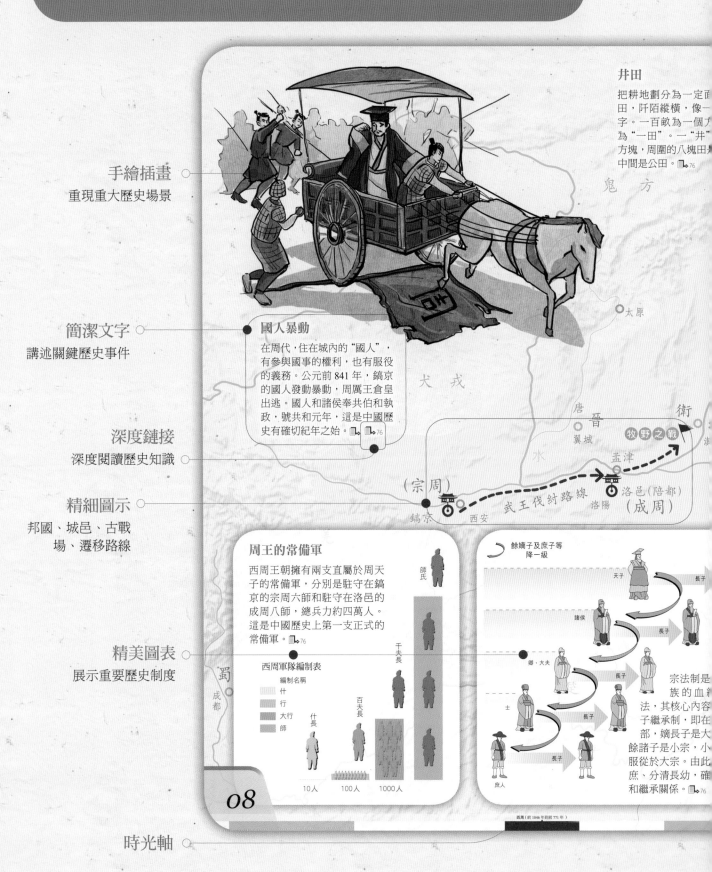

手繪插畫
重現重大歷史場景

簡潔文字
講述關鍵歷史事件

深度鏈接
深度閱讀歷史知識

精細圖示
邦國、城邑、古戰
場、遷移路線

精美圖表
展示重要歷史制度

時光軸

井田

把耕地劃分為一定面
田，阡陌縱橫，像一
字。一百畝為一個方
為"一田"。一"井"
方塊，周圍的八塊田
中間是公田。

國人暴動

在周代，住在城內的"國人"，
有參與國事的權利，也有服役
的義務。公元前 841 年，鎬京
的國人發動暴動，周厲王倉皇
出逃。國人和諸侯奉共伯和執
政，號共和元年，這是中國歷
史有確切紀年之始。

周王的常備軍

西周王朝擁有兩支直屬於周天
子的常備軍，分別是駐守在鎬
京的宗周六師和駐守在洛邑的
成周八師，總兵力約四萬人。
這是中國歷史上第一支正式的
常備軍。

西周軍隊編制表

編制名稱
什
行
大行
師

什長
10人

百夫長
100人

千夫長
1000人

師氏

餘嫡子及庶子等
降一級

天子　　長子

諸侯　　長子

卿·大夫　　長子

士　　長子

庶人　　長子

宗法制是
族的血緣
法，其核心內容
子繼承制，即在
部，嫡長子是大
餘諸子是小宗，小
服從於大宗。由此
庶、分清長幼，確
和繼承關係。

鬼　方

太原

犬　戎

唐　晉　　　　衛
翼城　　　　牧野之戰

水　　　　　孟津

(宗周)　　　　　　　　洛邑(陪都)
鎬京　西安　武王伐紂路線　洛陽　(成周)

蜀
成都

08

西周（前 1046 年到前 771 年）

立體呈現
山川河流、地形地貌

古今對比
疆域輪廓一目了然

朝代名稱

西周

圖例

- 西周都城與陪都
- 宋　主要諸侯國
- ○　主要封國都城
- 洛陽　今地名
- 古戰場
- - ->　武王伐紂路線

古人類

都城

主要科技成果
古人類文明

古戰場

主要港口

革命根據地

古代水利工程

古代瓷窯址

其他定位

分封

周朝建立後，周天子將宗親、姻親、功臣等分封到各地建立諸侯國。這些諸侯，要對周天子履行義務。在封國內，則可以分封自己的子弟，由此形成統治秩序和社會等級。📖75

牧野之戰

周人在周武王的率領下揮師東進，大舉伐商。雙方在牧野展開決戰，結果商軍臨陣倒戈，商紂王敗退到朝歌，在鹿台自焚，商朝滅亡。📖75

朝代地圖
直觀顯示歷代疆域變遷

遼河

北京
燕

渤海

濟
營丘
臨淄
齊
魯
曲阜

黃海

淮夷
淮
水河

南京
吳
藩籬

杭州
越

水江

部份圖片及插畫由本館編輯部提供。

讀圖識中國歷史

文字作者：黃　東

插畫繪製：張菲婭 等

地圖繪製：楊　毅

責任編輯：徐昕宇

封面設計：張　毅

版式設計：涂　慧　張　毅　丁　意　黎奇文

出　　版：商務印書館 (香港) 有限公司

　　　　　香港筲箕灣耀興道 3 號東滙廣場 8 樓

　　　　　http://www.commercialpress.com.hk

發　　行：香港聯合書刊物流有限公司

　　　　　香港新界荃灣德士古道 220-248 號荃灣工業中心 16 樓

印　　刷：美雅印刷製本有限公司

　　　　　九龍觀塘榮業街 6 號海濱工業大廈 4 樓 A 室

版　　次：2023 年 2 月第 1 版第 4 次印刷

　　　　　© 2018 商務印書館 (香港) 有限公司

　　　　　ISBN 978 962 07 6596 4

　　　　　Printed in Hong Kong

目　錄

歷史進程

跨時代的文明

深度閱讀

氏族公社

舊石器時代晚期，血緣家族被文明程度更高的氏族公社取代。氏族公社又分為母系氏族公社和父系氏族公社兩個發展階段。74

尼德安特人
距今約 12 萬年

莫斯科

巴黎

克羅馬農人
距今約 3 萬年

沙尼達爾人
距今約 5 萬年

開羅

新德里

距今約 70 萬年　北京

北京人

藍田人
距今約 110 萬年

距今約 28 萬年

金牛山人

元謀人
距今約 170 萬年

印度洋

距今約 250 萬年

能人

雅加達

爪哇人
距今約 70 萬年

夏娃來自非洲

有些科學家認為，現代人類起源於非洲，由此提出"非洲夏娃"理論。還有許多科學家認為，世界各地的人類有着各自不同的祖先，比如中國，就有生活在七八百萬年前的雲南祿豐古猿。📖74

中石器

距今 15000 年至 8000 年，以石片石器和細石器為代表工具，石器已小型化。這一時期，人類已廣泛使用弓箭捕獵；已知馴狗；在一些地方還發現了獨木舟和木槳。

人類的起源

中國境內的主要古人類

中國境外的主要古人類

石器時代

在原始社會，人類主要用石頭製作各種工具，被稱為石器時代。依據製作水平的高低，石器時代又分為舊石器、中石器、新石器三個階段。在新石器時代末期，人類已使用天然金屬，這一時期也被稱為金石並用時代。

新石器

始於距今 8000 年前，石器製作更加精細，以磨製、琢製石器為代表。此時，母系氏族處於全盛階段，有威望的年長婦女擔任氏族首領。產生了原始農業和畜牧業，並發明了陶器。

華盛頓

太 平 洋

舊石器

距今約 250 萬年～約 1 萬年，以簡單的打製石器為代表。人類群居在山洞裏或樹上，以植物的果實、根莖和捕獵的野獸、魚蚌為食。最初，人們通過血緣關係聚居在一起，並在家族內部通婚繁衍生息，稱為 "血緣家族"。

禪讓制

原始社會末期，部落聯盟內部，似堯、舜這種部領，不能世襲而是採用"禪制"，由氏族首們集體推舉產生並主動讓位給能更強的人。📖▸74

滿天星斗

中華文明的起源是多元的。從雲貴高原到長江、黃河流域，從華北平原到東北、內蒙，乃至西藏、新疆，猶如滿天星斗一樣遍佈着古人類活動的遺跡。📖▸74

人面網紋彩陶盆

仰韶文化是中華文明誕生時期的代表，人面網紋彩陶盆是它的標誌性器物。

炎帝與黃帝

歷史上的炎帝和黃帝，是新石器時代活躍在中原地區的兩大部落聯盟。當時的部落聯盟內部，出現了貧富分化，相較普通氏族成員而言，部落聯盟的首領享有特權。📖▸74

象牙梳

大汶口文化象牙梳，出土於較高級大墓，顯示出貧富和階級分化。

中華文明的誕生

古人類
古人類文明
古戰場

黑龍江

赤峰
紅山文化
瀋陽
金生山人
營口

大窯文化
北京
呼和浩特
北京人　天津
山頂洞人

渤海

涿鹿之戰
磁山文化
太原
濟南

華夏部落活動區域
丁村人
半坡文化
大汶口文化
鄭州
西安
仰韶文化
藍田人

屈家嶺文化
和縣人　南京
上海
京山
杭州
江　武漢
長陽人
河姆渡文化
重慶

東海

長沙　南昌

釣魚島

貴陽

福州

台北
台灣島

馬壩人
廣州
南寧
香港

東沙群島

海口
海南島

南海

南海諸島

玉豬龍

紅山文化玉豬龍，被稱為中華第一玉龍。

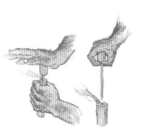

文明之火

從距今 170 萬年前的元謀人到 50 萬年前的北京人，都留下了用火的痕跡。最初的火種，來自自然界，後來人類逐漸學會了以摩擦、鑽木、壓擊等方式人工取火。📖 74

大禹治水

堯、舜時期，洪水泛濫，堯命有崇氏首領鯀治水，鯀用堵的辦法，結果失敗。舜又命鯀之子禹治水，他改用疏導之法，歷經十餘年，曾"三過家門而不入"，終於成功。通過治水，禹的聲望日隆，最後接受舜的禪讓，成為部落聯盟的首領。

大禹像

夏啟稱王

禹死後，他的兒子啟廢除禪讓制，就任部落聯盟首領，自稱"夏后氏"，建立了世襲的夏王朝。夏是中國歷史上第一個國家，它的建立，開創了"家天下"的新時代。 📖75

夏啟的宮殿

鬼方

晉陽
太原

邢台
邢台

平陽
臨汾

殷
安陽

安邑
夏縣

鳴條之戰

帝丘
濮陽

老丘
開封

洛陽
斟鄩

滎陽

陽城
登封

陽翟
禹州

蘭州

西安

人殉與人祭

商朝盛行用人為逝者陪葬，稱為人殉；用人祭祀祖先和鬼神，稱為人祭，被用來祭祀祖先的人，稱為"人牲"。 📖75

成都

黃河

河

水

漢

江

長

這是夏代宮殿遺址出土的玉琮和玉鉞。

玉鉞

夏與商（夏／前 2070 年到前 1600 年 商／前 1600 年到前 1046 年）

商的開國君主湯

夏與商

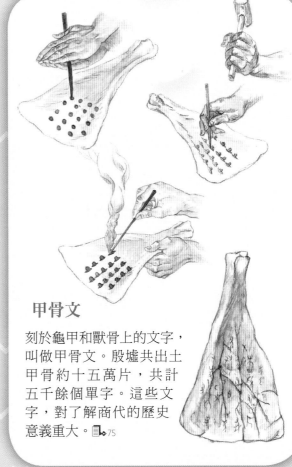

🏛 夏朝都城
🏯 商朝都城
🚩 古戰場
洛陽 今地名

殷墟的主人

"殷墟"曾是商朝的都城。在這裏，曾經住着一位名叫"婦好"的女性，她是商王武丁的王后，也是一位傑出的女性將領，她屢次率軍出征，人數最多的一次達到一萬三千人。📖75

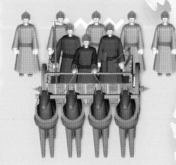

商朝的軍隊

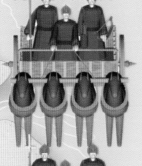

是夏王舉行祭祀等典禮用的禮器。

玉琮

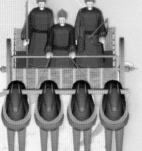

甲骨文

刻於龜甲和獸骨上的文字，叫做甲骨文。殷墟共出土甲骨約十五萬片，共計五千餘個單字。這些文字，對了解商代的歷史意義重大。📖75

井田

把耕地劃分為一定面積的方田，阡陌縱橫，像一個"井"字。一百畝為一個方塊，稱為"一田"。一"井"為九個方塊，周圍的八塊田是私田，中間是公田。📖▶76

國人暴動

在周代，住在城內的"國人"，有參與國事的權利，也有服役的義務。公元前841年，鎬京的國人發動暴動，周厲王倉皇出逃。國人和諸侯奉共伯和執政，號共和元年，這是中國歷史有確切紀年之始。📖▶76

鬼 方

○太原

犬 戎

唐 晉
翼城

衛
○沬
淇縣

牧野之戰

水

孟津

（宗周）
鎬京　西安　　武王伐紂路線　　洛陽

洛邑(陪都)
（成周）

蜀
成都

楚

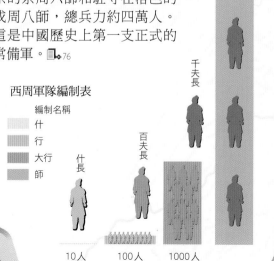

周王的常備軍

西周王朝擁有兩支直屬於周天子的常備軍，分別是駐守在鎬京的宗周六師和駐守在洛邑的成周八師，總兵力約四萬人。這是中國歷史上第一支正式的常備軍。📖▶76

師氏

千夫長

西周軍隊編制表

編制名稱	
什	
行	
大行	
師	

什長　　　百夫長

10人　　100人　　1000人

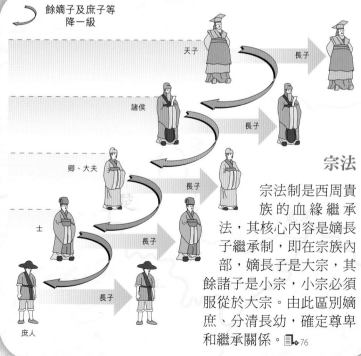

餘嫡子及庶子等
降一級

天子　　　　　　長子

諸侯　　　　　長子

卿、大夫　　　長子

士　　　長子

庶人　　　長子

宗法

宗法制是西周貴族的血緣繼承法，其核心內容是嫡長子繼承制，即在宗族內部，嫡長子是大宗，其餘諸子是小宗，小宗必須服從於大宗。由此區別嫡庶、分清長幼，確定尊卑和繼承關係。📖▶76

西周

西周都城與陪都
宋　主要諸侯國
○　主要封國都城
洛陽　今地名
古戰場
武王伐紂路線

遼河

渤海

營丘
臨淄

齊

魯

淮夷

南京

吳

藩離

杭州

越

黃海

水河

分封

周朝建立後，周天子將宗親、姻親、功臣等分封到各地建立諸侯國。這些諸侯，要對周天子履行義務。在封國內，則可以分封自己的子弟，由此形成統治秩序和社會等級。📖 75

牧野之戰

周人在周武王的率領下揮師東進，大舉伐商。雙方在牧野展開決戰，結果商軍臨陣倒戈，商紂王敗退到朝歌，在鹿台自焚，商朝滅亡。📖 75

春秋五霸

春秋時期 300 餘年，先後產生了齊桓公、晉文公、楚莊王等五位可以"挾天子以令諸侯"的霸主，被稱為"春秋五霸"。📄76

車戰時代

春秋時期，是車戰最為輝煌的時期。車戰的基本作戰單位是乘，以四匹馬拉的一輛戰車為一乘，每乘配備 75 人，構成一個基本戰鬥隊形。📄77

華夏與四夷

春秋時期，位於中原的各國稱"諸夏"、"華夏"、"中國"，居住在"諸夏"周邊的諸多少數民族，被泛稱為西戎、東夷、南蠻、北狄，或統稱"四夷"。📄77

樓煩

黃　河

羌

衛

沬淇縣

晉

新田　晉文公

河　水

秦

雍　鎬京　　　　　　洛邑
秦穆公　　西安　平王東遷　洛陽　　　　　　新鄭　　商丘

鄭　宋

周　　　　　　　　　　　　宋襄

淮

蜀

漢

成都
蜀

漢　水　　武漢

楚

郢

荊州　楚莊王

江

長

東周（春秋）

🏛 東周都城
宋 主要諸侯國
○ 主要封國都城
洛陽 今地名
秦穆公 春秋五霸
吳王闔閭 春秋五霸另一說法

東胡

燕

孤竹 ○
盧龍

渤海

齊 ○ 臨淄
齊桓公

魯

孔子辦私學

孔子是中國第一個創辦私學的人，他的思想和學說對中國思想史和教育史影響巨大，被譽為"至聖先師"、"萬世師表"。📖►77

黃海

債台高築的周王

公元前 770 年，周平王遷都洛邑，是為東周，也是春秋時期開始。自此，周天子的地位一落千丈，時常入不敷出，甚至要靠借貸度日，成語"債台高築"最初就是用來形容欠下巨額債務的周赧王的。📖►76

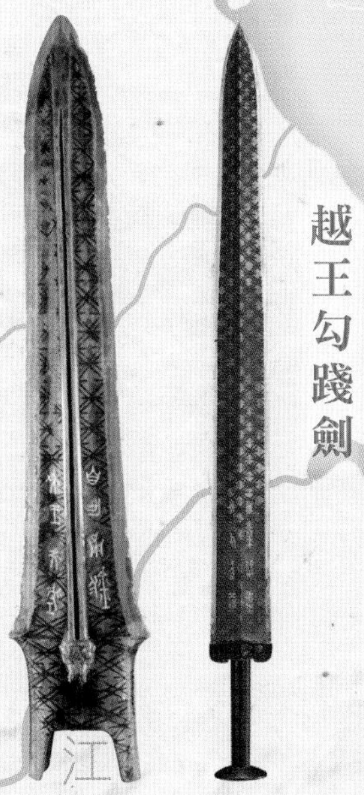

吳王夫差矛

越王勾踐劍

江

蘇州 ○ 吳
吳王闔閭

杭州 ○

越 ○ 會稽
紹興
越王勾踐

這兩件兵器是當時諸侯爭霸戰爭的見證。

鐵器時代

戰國時期，中國發明了鼓風爐和高溫液體冶鐵技術，這一劃時代的技術革命，使得鐵器廣泛用於農業、手工業和兵器製造業，從此中國進入鐵器時代。📖78

荊軻刺秦王

戰國後期，面對強秦，燕國甚至派出了刺客荊軻去刺殺秦王政，也未成功。統一的歷史趨勢已不可阻擋。📖78

戰國七雄

戰國時期，強大的諸侯國主要是齊、楚、燕、趙、韓、魏、秦，稱為"七雄"。這幾個國家的國君紛紛稱王，周天子名義上的共主地位，也不復存在了。📖77

匈奴

秦滅燕之戰

太原

黃河

趙

邯鄲

秦滅趙

長平之戰

衛

濮陽

河水

新田

周 洛邑 洛陽

大梁

秦滅魏

魏

新鄭

秦

咸陽

西安

韓

秦滅韓之戰

漢

鄢郢之戰

蜀

蜀 成都

漢水

楚 郢

荊州

江

武漢

長

享受天子威儀的諸侯王

12

東周（戰國）

胡

騎兵登場

戰國時期，變法成為各諸侯國的主旋律。趙武靈王學習少數民族推行的“胡服騎射”改革，不但改變了不利於作戰的傳統華夏服飾，也使步兵車戰逐漸轉變為騎兵作戰。📖 77

圖例

- 🏯 東周都城
- 秦 戰國七雄
- ◎ 主要封國都城
- 洛陽 今地名
- 🚩 古戰場
- ⟵ 秦滅六國路線

趙

韓 魏

渤海

臨淄 ◎ 🚩 秦滅齊之戰

齊

魯

三家分晉

春秋時期的大國晉國，政權實際被韓氏、趙氏、魏氏等家族控制。前457年，韓、趙、魏三分晉國，成為三個獨立的國家，被認定為戰國時代的開始。📖 77

虎符

虎符是當時各國調兵的兵符。

黃海

水 河

淮

壽春

楚

滅楚之戰

水 南京

越 吳

江 蘇州

杭州 ◎

百家爭鳴

戰國時期，大批的“士”在各國間遊走，宣傳自己的政治觀點和學術主張，從而形成了以孟子、莊子、墨子等為代表的儒、道、陰陽、法、名、墨、縱橫等學術派別，被泛稱為“諸子百家”。📖 78

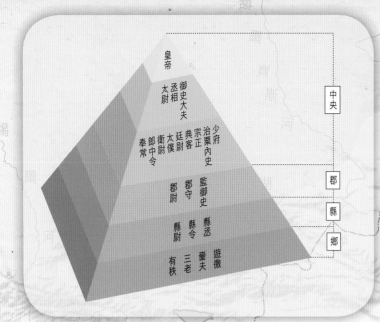

郡 縣 鄉

皇帝

御史大夫
丞相
太尉

少府
治粟內史
宗正
典客
廷尉
太僕
衛尉
郎中令
奉常

監御史
郡守
郡尉

縣丞
縣令
縣尉

有秩
三老
嗇夫
遊徼

秦軍編制

皇帝	全國軍隊總指揮	
大將軍	統帥數萬至數十萬人	
將軍／尉裨	統帥數萬人	
部·校尉	統帥一萬人	
曲·軍侯	統帥數千人	
二五百主	統帥一千人	
五百主	統帥五百人	
百將	統帥一百人	
屯長	統帥五十人	
伍長	統帥五人	

秦軍戰鬥單位

中央集權

秦朝確立了以皇權專制為核心的中央集權制度。皇帝擁有至高無上的權力，在中央設三公九卿輔佐他。在地方廢除分封制，推行郡縣制，設立郡守、縣令（長）等官吏。各級官吏任免權，全部歸中央掌握。📖78

城郭諸國

尚武與守法

秦人尚武，全民皆兵，鼓勵將士在戰場上殺敵斬首以記功。秦人重法，且法令嚴苛，不但行軍作戰獎懲分明，日常社會，普通百姓也要唯法令是從。📖79

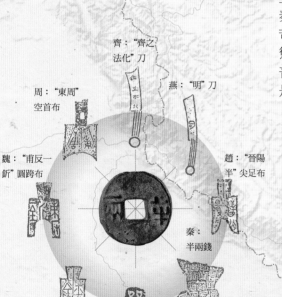

周："東周"
空首布

燕："明"刀

齊："齊之法化"刀

魏："甫反一釿"圓跨布

趙："晉陽半"尖足布

秦：半兩錢

楚：郢爰

楚：蟻鼻錢

韓："平陰"方足布

大一統

秦王朝以秦國的制度為基礎，規範了全國的計量單位（度、量、衡）、文字、貨幣，以及車軌的寬度。📖78

秦	齊	楚	韓·趙·魏	燕

隴西
臨洮

羌

蜀
成

昆明
昆明

孟加拉灣

秦

秦朝都城
主要郡治
西安 今地名
起義地點
項羽進軍路線
劉邦進軍路線
長城
古代水利工程

焚書坑儒

秦統一後，有儒生希望秦始皇能恢復西周的分封制，此舉引起執政者的警惕，下令禁止再議論此事，並將民間所藏《詩》、《書》等典籍悉數焚毀。後來又有方士儒生私下抨擊秦始皇，結果被秦始皇活埋。被稱為焚書坑儒。 📖79

加爾湖
東胡
高句麗
瀋陽
遼東
漁陽
北京
渤海
太原
鉅鹿
臨淄
上黨
黃海
劉邦起義
沛縣
大澤鄉
陳勝吳廣起義
項梁項羽起義
會稽
蘇州
南陽
武漢
衡山
彭蠡澤
盧江
黔中
洞庭
南昌
長沙
湘水
東海
釣魚島
靈渠
灕
閩中
福州
越
南海
廣州
海南島
南海
秦
原
河
水
江
沅水

皇帝誕生

統一天下的秦王政認為，自己建立了亙古未有的功績，無人能及，遂取"三皇五帝"的"皇帝"二字作為自己的尊號，自稱"始皇帝"，後世即位者依次稱二世、三世，直至無窮。 📖78

秦始皇像

苛政引發暴動

秦始皇推行嚴酷的法律，還徵調了數以百萬計的勞力，興修長城、阿房宮、驪山陵等徭役，終於激化了社會矛盾。秦始皇死後，戍卒陳勝、吳廣喊出"王侯將相，寧有種乎"的口號，揭開了反秦暴動的序幕。 📖79

獨尊儒術

西漢初年，經過秦末戰亂，經濟凋敝，統治者以"黃老之術"治國，注意鼓勵生產，減輕百姓負擔。漢武帝即位後，國力上升，改為扶持提倡大一統、君臣倫理等觀念的儒學，被稱為"罷黜百家，獨尊儒術"。80

漢武帝像

楚漢相爭

秦朝滅亡後，反秦的主力漢王劉邦與西楚霸王項羽為爭奪天下，又進行了四年的戰爭，被稱為"楚漢戰爭"。最終，劉邦擊潰項羽，迫使項羽自殺。劉邦則建立了一個嶄新的王朝——漢朝。📖79

以農為本

漢代強調以農為本，牛耕技術和鐵製農具在全國推廣，出現了二牛三人、二牛一人等耕作方式；領先於世界的鐵犁鏵被廣泛應用，以及代田法和播種農具耬車的使用，帶來了農業的大發展。📖80

牛耕與耬車

西漢（前

西漢（前期）

西漢都城
主要郡治
吳王劉濞 七國之亂
西安 今地名
～～～ 長城

司馬遷著《史記》

漢武帝時，司馬遷編著了中國第一部紀傳體通史《史記》。《史記》記事始於傳說的黃帝，止於漢武帝太初年間，記載了上下三千餘年的歷史。《史記》創設的體例和結構，成為中國史書的編纂範本。📖80

七國之亂

劉邦大量分封同姓子弟為王，這些同姓諸侯王權力很大，到漢景帝時，以吳王劉濞為首的七國便公開叛亂。叛亂被平息後，景帝進一步採取措施削弱了諸侯王的權力，鞏固了皇權。📖79

奴

瀋陽
遼東

北京
廣陽

原
河
西
水

太原
邯鄲
趙王劉遂
東平陵
濟南王劉辟光
彭城 徐州
楚王劉戊
垓下
廣陵 揚州
吳王劉濞
烏江 吳郡
蘇州

劇 即墨
菑川王劉賢
膠東王劉雄渠
高密
膠西王劉卬 黃 海

東 海

渤 海

南陽
武漢
江
漢
沅 長沙
湘
水
洞庭
南昌 廬江
彭蠡澤

閩
治
東
福
越 州
治
台灣海峽

番禺
廣州
越

南

海南島

南 海

釣魚島

台灣島

東沙群島

晁錯向景帝諫言削藩

南 海

匈奴的威脅

匈奴是對漢朝威脅最大的一個少數民族，漢朝與匈奴之間，既有和親，也有戰爭。最著名的一次和親，是漢元帝時的"昭君出塞"。戰爭則以漢武帝時衛青、霍去病等名將五次北伐匈奴為代表。📖▸80

腳踏紡織機

漢朝發明的腳踏紡織機，是紡織業劃時代的進步。這種紡織機能夠減少布面的斷頭，使織物更加平整均勻。📖▸81

烏魯木齊

西域都護府

敦煌

于闐

鄯善

西 域

大宛

錫

尼

葉

塞

趙信城

龍城
大捷

漢
北
之
戰

匈

奴

居延

河
南
之
戰

酒泉

河西之戰

武威

河

隴西
臨洮

羌

蜀君
成都
巴君

長

大
秦

塞琉西亞

條
文

身毒

大宛

天月氏

康居

烏孫

蔥嶺

疏勒

于闐

匈 奴

西

玉門關

敦煌
陽關

鄯善

河西走廊

長安

漢

交

安 息

← - - - 絲綢之路

前139年，張騫奉漢武帝之命出使西域，打通了漢朝通往西域的道路，即"絲綢之路"。

孟加拉灣

西漢（前

王莽篡漢

王莽出身於西漢末年權勢顯赫的王氏外戚，哀帝死後，王莽迎立九歲的平帝，自己攝政。平帝死，王莽又立兩歲的孺子嬰為帝，自稱"攝皇帝"，兩年之後，王莽便廢黜了孺子嬰，自稱皇帝，建國號"新"。📖81

圖例

⛩	西漢都城
○	主要郡治
西安	今地名
🚩	古戰場
〰〰	長城
←--	漢軍北伐匈奴路線

霍光擅權

漢武帝死後，權臣霍光掌控朝政，可以廢立皇帝。他先是輔佐昭帝，昭帝死，霍光立昌邑王劉賀為帝，旋廢，再立宣帝。宣帝出行時，霍光伴駕在側，令宣帝覺得如同"芒刺在背"一樣不安。📖81

遠東

樂浪

日本海

北京
廣陽

代郡

原

太原

鉅鹿

臨淄

黃海

渤海

東

河南
洛陽

淮

廣陵
揚州

會稽
蘇州

長安

南陽

江夏
武漢

洞庭

彭蠡澤

豫章
南昌

海

長沙
湘

沅

冶縣
福州

台灣

南海
廣州

合浦

東沙群島

海南島

班超經營西域

東漢中葉，漢、匈開戰，班超等人作為漢朝使節出使西域，使西域五十多個國家都歸附了東漢王朝，鞏固了漢政府對西域的統治。📖▸81

鮮

卑

龜茲　西域長史府　伊吾盧
庫車　　　　　焉耆　　哈密
疏勒
喀什
西　　　　　　　　　域　　東
　　　　　　　　　　　　　敦煌
于闐　　　　鄯善
和田　　　　若羌

武威

羌

隴西

翻車灌溉

東漢時期，農田水利灌溉技術出現突破。在長江流域水源較為充足的地區，人們發明了翻車（龍骨車），用來汲水灌溉稻田。📖▸82

地動儀

公元 132 年，天文學家張衡發明了世界上第一台探測地震的儀器——地動儀，放置在都城洛陽的靈台，其靈敏度可以測出人體感知不到的地震。📖▸82

蜀君
成都

長

宦官蔡倫改進了造紙技術，發明了"蔡侯紙"。

孟加拉灣

東漢

🏯 東漢都城
〇 主要郡治
西安 今地名
🚩 起義地點
◀--- 黃巾起義進軍路線
◀-- 班超出使西域路線

十常侍亂政

"十常侍"指的是漢靈帝時專權的宦官集團，其首領是張讓和趙忠。他們橫徵暴斂，賣官鬻爵，打擊異己，加速了東漢的滅亡。📖81

佛教與道教

漢明帝派使者赴天竺訪求佛法，帶回了天竺僧人迦葉摩騰、竺法蘭，並以白馬駄回大量佛經，佛教開始傳佈中國。道教是中國本土的傳統宗教，東漢後期民間流行的"五斗米道"、"太平道"等，是其創立的標誌。📖82

把妻

夫余

高句麗

一

日本海

瀋陽

遼東

樂浪

渤海

原

河

北京 ◎

涿郡

黃巾起義 🚩

太原 〇

齊國 〇

黃海

東海

水

上黨

洛陽 🏯

陳留 〇

尹

淮

南陽 〇

漢

吳郡 〇
蘇州

江夏 〇
武漢

彭蠡澤

會稽 〇
紹興

洞庭

豫章 〇
南昌

長沙 〇

贛
水

湘
水

沅
水

福州

峽

南海 〇
廣州

香港史跡：
深水埗李鄭屋漢墓

合浦 〇

海南島

南海

南海

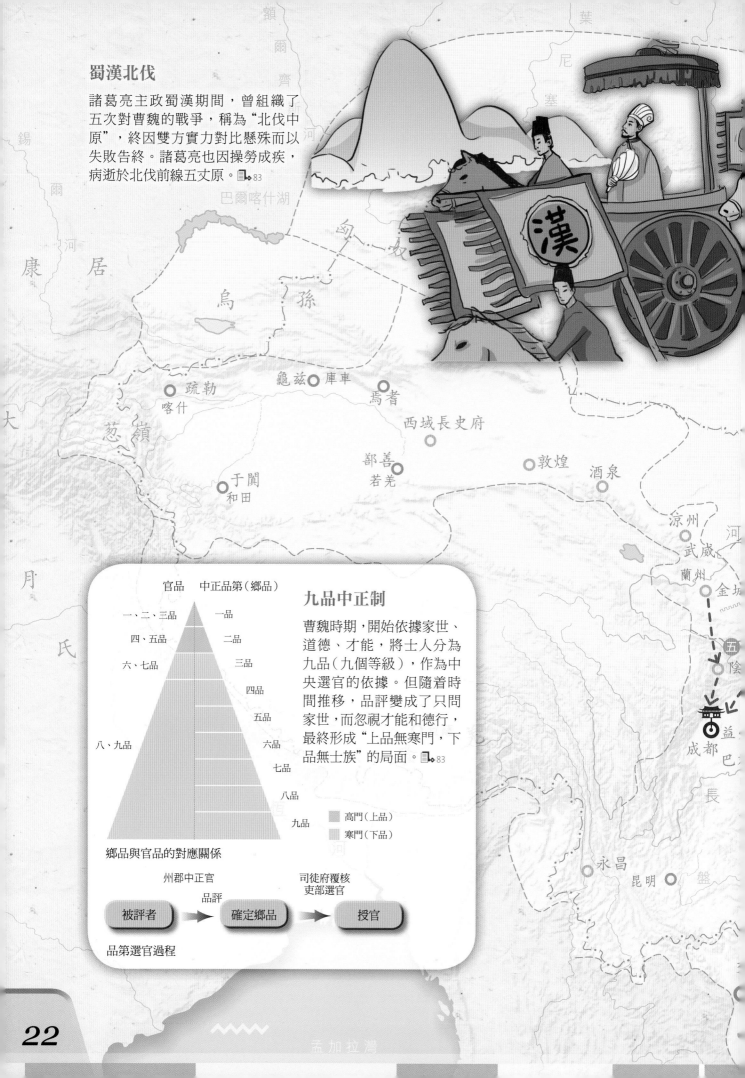

蜀漢北伐

諸葛亮主政蜀漢期間，曾組織了五次對曹魏的戰爭，稱為"北伐中原"，終因雙方實力對比懸殊而以失敗告終。諸葛亮也因操勞成疾，病逝於北伐前線五丈原。📖83

九品中正制

曹魏時期，開始依據家世、道德、才能，將士人分為九品（九個等級），作為中央選官的依據。但隨着時間推移，品評變成了只問家世，而忽視才能和德行，最終形成"上品無寒門，下品無士族"的局面。📖83

官品　中正品第（鄉品）

一、二、三品	一品
四、五品	二品
六、七品	三品
	四品
	五品
八、九品	六品
	七品
	八品
	九品

▨ 高門（上品）
▨ 寒門（下品）

鄉品與官品的對應關係

州郡中正官　　　　　　司徒府覆核
　　　　　　　　　　　吏部選官

被評者 →品評→ 確定鄉品 → 授官

品第選官過程

孟加拉灣

三國

圖例

魏、蜀、吳都城	
州、郡治所	
西安 今地名	
古戰場	
← -- 魏滅蜀之戰 進軍路線	

竹林七賢

竹林七賢是指魏晉時期的七位名士，包括嵇康、阮籍、山濤、向秀、劉伶、王戎及阮咸，他們經常聚會於竹林之中，因此被稱作竹林七賢，成為所謂"魏晉風度"的代表。📖▸83

屯田

曹魏政權為了保證軍糧供應，利用士兵或招募百姓耕種荒地的措施，稱為屯田。招募百姓屯田，稱民屯；利用"士家制度"下的士兵或士兵家屬屯田，稱軍屯。📖▸82

赤壁之戰

曹操統一北方後，又率領大軍南下，意欲渡江征服孫吳，完成統一。孫權與劉備聯合，與曹操在赤壁一帶對峙，並利用火攻的戰術，一舉擊潰曹軍，曹、劉、孫三足鼎立局面由此奠定。📖▸82

高句麗

瀋陽

遼東

樂浪

河

北京
幽州

并州　冀州
太原　　　青州

魏

黃　海

徐州

東　海

洛陽　官渡之戰

京兆安　　豫州
南陽　　淮
　　　揚州
　　　建業
　　　南京

武漢
荊州　　　會稽
赤壁之戰　　　紹興
夷陵之戰　　豫章
　　　　　南昌
長沙

吳

交州
廣州

合浦

東沙群島

釣魚島

台灣

台灣海峽

福州
侯官

鬱水

崖洲　海南島　南　海

敦煌壁畫裏的鐵騎兵

鐵騎兵

魏晉之際，大批擅長騎射的胡人被編入軍隊，組成以騎兵為核心的軍事武裝，直接推動了"鐵騎兵"的大發展。這些人、馬皆全副武裝的鐵騎兵，成為當時戰場上的主力。📖84

西域長史府　西

鮮卑

羌

鮮卑

西域長史府

鄯善
若羌

于闐
和田

敦煌　酒泉

涼州
武威

蘭州
金城

王濬樓船下益州

公元 279 年，晉軍水陸並進，從數個方向對吳發起總攻。其中王濬率領水師自益州順長江而下，直抵吳國都城建業（今南京）。吳主孫皓自縛雙手，出城投降，東吳滅亡，中國再度統一。
📖83

益州
成都　蜀郡
成都王言
巴

長

永昌

昆明
寧州

孟加拉灣

西晉

- 🏛 西晉都城
- ◎ 州、郡治
- 西安 今地名
- 楚王司馬瑋 八王之亂
- ←-- 晉滅吳進軍路線
- ←-- 石勒破洛陽路線
- ← 北方民族內遷路線

八王之亂

西晉建立後，晉武帝分封了二十七個同姓王，讓他們握有兵權，以期輔佐皇室。晉武帝去世後，惠帝皇后賈南風與輔政外戚楊駿爭權，宗室諸王也積極參與政治鬥爭，主要參與者有八位諸侯王，史稱八王之亂。📖 84

永嘉之亂

永嘉五年（311 年），匈奴貴族劉聰遣石勒等人攻入京師洛陽，俘獲懷帝，殺王公士民三萬餘人，史稱"永嘉之亂"。晉朝統治集團被迫渡江南遷，建立東晉。📖 84

石崇王愷鬥富

富可敵國的石崇與晉武帝的舅父王愷鬥富。晉武帝為了讓王愷壓倒石崇，送給他一株高二尺許的珊瑚樹，王愷拿出炫耀，石崇拿出鐵如意，將珊瑚樹打得粉碎，然後讓左右取出六七株高三四尺珊瑚樹，王愷一見，甘拜下風。📖 83

鮮卑
鮮卑
潘陽
平州
北京
幽州
范陽國
高句麗
樂浪
河
并州
趙王司馬倫
冀州
渤海
太原
河間王司馬顒
青州
上黨
齊王司馬冏
淮水
東海
郯城
東海王司馬越
洛陽
豫州
廣陵
汝南王司馬亮
揚州（建業）
南京
吳郡
蘇州
汝南國
武漢
荊州
武昌
彭蠡湖
會稽
紹興
洞庭湖
司馬瑋
豫章
南昌
長沙王司馬乂
長沙
贛水
湘水
福州
石
西晉
台灣島
釣魚島
東
海
南
海
廣州
台灣島
合浦
崖洲
海南島
黃海

西求佛法

兩晉時期，中國僧人法顯曾赴天竺學習佛法十四年，歸國後將所得佛經一一譯出。與此同時，西域高僧鳩摩羅什則被迎入長安，主持翻譯佛經工作十二年。這些活動，極大推動了中土佛教的傳播。📄 85

五胡亂華

魏晉之際內遷的遊牧民族主要包括匈奴、羯、鮮卑、氐、羌等，曾被蔑稱為 "五胡亂華"。他們先後建立了大大小小幾十個政權，被泛稱為 "十六國"。📄 84

西涼 / 漢 400-421 年
北涼 / 匈奴 397-
前涼 / 漢 301-376 年
後涼 / 氐 386-403 年
南涼 / 鮮卑 397-414 年
西秦 / 鮮卑 38
前趙 / 匈奴
前秦 / 氐 3
後秦 / 羌 3

成漢 / 氐 303-347 年

草市

草市是指鄉村定期集市，大都位於水陸交通要道或津渡及驛站所在地，東晉時建康（南京）城外就有草市。到唐代，一部分草市發展成為居民點；而緊臨州縣城郭的草市，則發展成為新的商業市區。

東晉越窰青釉瓷罐

這是長江中下游地區早期瓷器的代表作。

東晉與十六國

🏯 東晉都城　　◉ 十六國等政權都城
○ 州、郡治　　🚩 古戰場
西安 今地名　◀--- 桓溫北伐路線

族屬

族屬						
巴氐		成漢				
羯		後趙				
氐			前秦、後涼			
羌				後秦		
鮮卑		前燕	西燕、後燕、西秦、南涼、南燕			
匈奴	漢（前趙）		北涼、夏			
漢	前涼、冉魏		西涼、北燕			

300　　　350　　　400　　　440　年份（公元）

北燕／鮮卑 410-436年　龍城 朝陽 ◉
瀋陽 ◉

北京 ◉

/匈奴 7-431年

後燕／鮮卑 384-407年 ◉ 中山

後趙／羯 319-351年 ◉ 襄國

前燕／鮮卑 337-370年 ◉ 鄴

廣固 ◉

南燕／鮮卑 398-410年

豫州 洛陽 ◉

369年

西安

356年

356年

淝水之戰

淝水之戰

公元 383 年，前秦王苻堅調動百萬大軍南下攻晉，意圖統一中國，東晉以精銳的八萬北府兵迎戰。兩軍在淝水展開決戰。前秦軍心不穩，指揮混亂，一觸而潰。苻堅負傷逃走，前秦政權不久即瓦解。📖▸85

建康

淮

南京

吳郡 蘇州 ◉

會稽 紹興 ◉

武漢

武昌

彭蠡湖

洞庭湖

豫章 南昌 ◉

長沙

荊州

（317-420 年）

晉 安 福州 ◉

廣州

合浦

海南島

崖洲

南海

東沙群島

台灣海峽

夷洲

釣魚島

門閥士族

東晉皇帝多數空有名分，實權被門閥士族分割。這些士族對衣冠服飾、出行儀仗等，都有明確要求，並嚴禁與庶族、寒門通婚，以期維護自己的特殊地位。📖▸84

契丹

高句麗

渤海

黃海

東海

南海

北魏（386-534 年）
東魏（534-550 年）
西魏（535-557 年）
北齊（550-577 年）
北周（557-581 年）

鮮卑人的時代

北朝共包括了北魏、東魏、西魏、北齊、北周五個朝代，它們都是鮮卑人建立的政權。公元398 年，鮮卑族拓跋部首領拓跋珪定都平城（今山西大同），正式定國號為魏，史稱北魏或後魏，標誌着北朝的開始。📖▸89

壁畫中的鮮卑貴族出行儀仗

北魏服飾

艱難的漢化

北朝時代，以鮮卑人為代表的少數民族不斷漢化，北魏孝文帝的改革，是這一漢化過程的代表。📖▸85

胡人頂杆雜技俑

雜技是魏晉時從西域傳入中原的，此俑出土於平城的北魏貴族墓。

北朝

北朝民歌

花木蘭替父從軍的故事，婦孺皆知。吟唱這一故事的《木蘭詩》是北朝民歌的代表。北朝民歌作者主要是鮮卑、氐、羌和漢族民眾，內容淺顯易懂，對唐代詩歌有較大影響。▤▸86

佛、道之爭

中國歷史上有三次"滅佛"，背後都有道教推手。這三次滅佛中，有兩次發生在北朝。一次是北魏太武帝滅佛，另一次是北周武帝滅佛。這兩次滅佛，將寺廟控制的大量人口、土地等財富收歸國家，為日後隋代的統一奠定了基礎。▤▸85

魏、宋都城
西安 今地名
○ 州、郡、鎮治
←-- 北魏遷都路線

巴尼大水闊湖

卑朝
平城
大同　北京
494 年
定州
并州
太原　冀州
河
濟南
(534 年)
黃海
洛陽
洛州
西安
淮
建康
南京
水
武漢
江
彭蠡湖
洞庭湖
沅
朝
水
宋
贛
水
福州
鬱
水
廣州
海南島
東沙群島
南海
崖州
海南島

日本海
渤海
黃海
東海

南海

佛門天子與山中宰相

梁武帝崇信佛教，他三次到同泰寺出家為僧，被諷刺為“佛門天子”。陶弘景是南朝著名道士，他避居山中修煉，不肯出仕，卻深得梁武帝信任，經常派使者前往諮詢國是，時人稱陶弘景是“山中宰相”。📖86

畫龍點睛

魏晉南北朝時期，是中國書畫藝術發展的重要階段。傳說畫家張僧繇奉梁武帝之命，為寺院牆壁畫龍，點上眼睛之後龍即破壁騰空而去，留下“畫龍點睛”的美談。📖86

北

北

長安
西安

梁州
漢中

河

巴西

益州
成都

捷為

巴郡
重慶

長

武陵

沅

水

南

貴陽

南寧

鬱

合浦

朱崖洲

南朝

朝

青州

冀州

409 年

濟南

河

琊琊

416 年

徐州

穎川

淮

豫州

水

山陽

南京 建康

侯景之亂 吳郡
蘇州

太湖

宣城

杭州

會稽
紹興

黃海

江夏

武漢 武昌

江州 彭蠡湖

巴陵

洞庭湖

南昌 豫章

湘州

長沙

湘 朝

衡陽

宋

(420-479 年)

桂陽

廣州

贛

水

朝

晉安

福州

夷

洲

南海

北魏、宋都城

州、郡治

西安 今地名

古戰場

政權部族界

南朝 齊政權界

南朝 梁政權界

南朝 陳政權界

劉裕北伐路線

元嘉北伐路線

刀鋒下的禪讓

南朝共歷宋、齊、梁、陳四個朝代，從劉裕代晉到陳霸先建立陳朝，都是靠着前朝末代皇帝"禪讓"而登上寶座。只不過，這看似復古的聖賢之舉，實際卻是被逼無奈的宮廷政變。86

失敗的北伐

南北對峙期間，南方曾組織過數次北伐，其中較為著名的三次是東晉時期桓溫北伐、劉裕北伐，以及劉宋時期的元嘉北伐。桓溫北伐曾攻克洛陽，劉裕北伐曾收復長安，但最終難逃失敗的結局。86

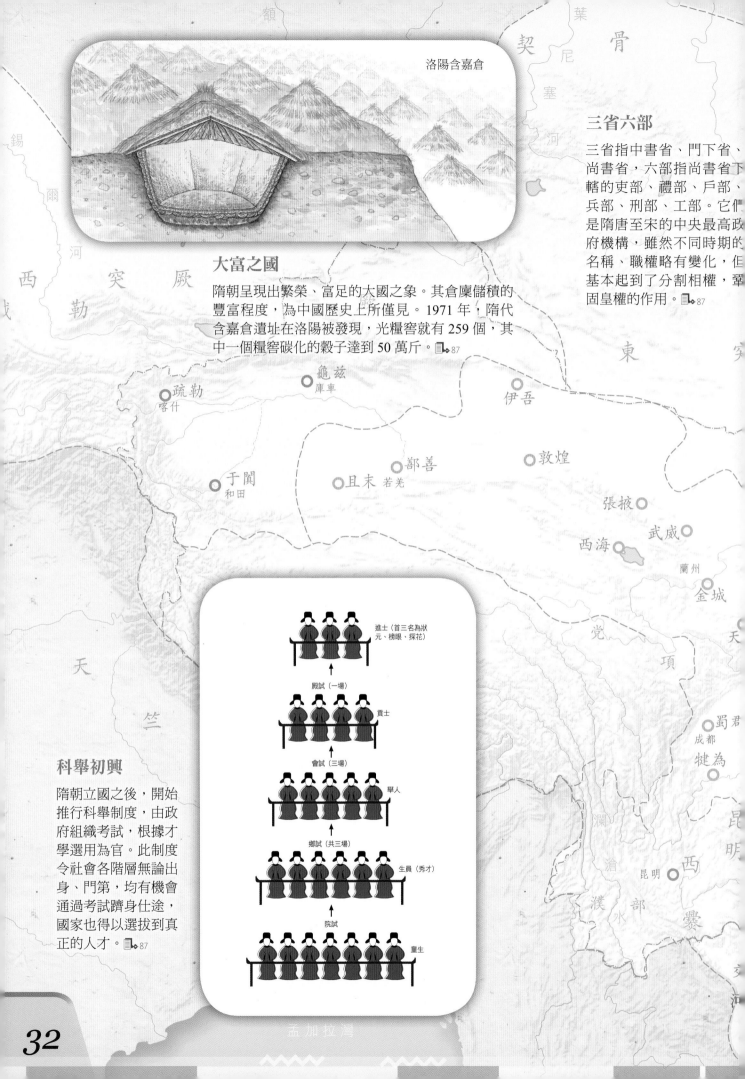

洛陽含嘉倉

三省六部

三省指中書省、門下省、尚書省，六部指尚書省下轄的吏部、禮部、戶部、兵部、刑部、工部。它們是隋唐至宋的中央最高政府機構，雖然不同時期的名稱、職權略有變化，但基本起到了分割相權，鞏固皇權的作用。📖87

大富之國

隋朝呈現出繁榮、富足的大國之象。其倉廩儲積的豐富程度，為中國歷史上所僅見。1971 年，隋代含嘉倉遺址在洛陽被發現，光糧窖就有 259 個，其中一個糧窖碳化的穀子達到 50 萬斤。📖87

科舉初興

隋朝立國之後，開始推行科舉制度，由政府組織考試，根據才學選用為官。此制度令社會各階層無論出身、門第，均有機會通過考試躋身仕途，國家也得以選拔到真正的人才。📖87

進士（首三名為狀元、榜眼、探花）

殿試（一場）　貢士

會試（三場）

舉人

鄉試（共三場）

生員（秀才）

院試

童生

隋

圖例

- 隋都城
- 郡治
- 西安 今地名
- 運河
- 主要農民起義地點
- 隋滅陳進軍路線
- 隋征高麗進軍路線

皇帝

同意後交予審議 　提交上奏

通过審議 　封駁

尚書省　門下省　中書省
執行政令　審議政令　起草政令

工 刑 兵 禮 戶 吏
六部

哈爾濱

契

奚

丹東

遼東

潘陽

高麗

平壤

北京
涿郡

黃

永

太原

趙郡

渤海

濟

濟

渤海

竇建德起義

翟讓起義

洛陽

西安

隋

東萊

王薄起義

輔公祐、
杜伏威起義

東平

東海

通

濟

渠

淮

邗溝

丹陽
建康
南京
吳郡

盧江
合肥

江

餘杭
杭州

會稽
紹興

江夏

南郡

九江

彭蠡湖

豫章
南昌

洞庭湖

沅

湘

長沙

贛

水

建安
福州

釣魚島

安

桂林

廣州

南海

鬱

水

合浦

流求

台灣島

東沙群島

珠崖

海南島

南 海

太
平
洋

東
海

煬帝的悲劇

隋煬帝曾三遊揚州，兩巡塞北，一遊河右，三至涿郡。為遊揚州，他特意建造了豪華的龍舟。他還頻繁發動戰爭，親征吐谷渾，三征高麗。這些賦役總計徵發的農民不下一千萬人次，終於激起大規模的民變。▤87

滅陳統一

陳後主聽到隋軍攻入建康城的消息，驚慌失措，帶着兩個寵妃張麗華、孔貴人躲入一口枯井，結果被隋軍生擒活捉。陳的滅亡，標誌着中國結束了三個多世紀的分裂動盪，恢復統一。▤87

隋 (581年到618年)

天下一家

唐朝在文化政策和民族觀念上提倡"天下一家"，曾與突厥、吐蕃、吐谷渾、契丹、回紇等周邊民族進行了十餘次和親，其中影響深遠的一次，是唐太宗將文成公主嫁給吐蕃贊普松贊干布，《步輦圖》對此有生動表現。📖▸88

和親公主表

公元 640 弘化公主 吐谷渾慕容諾曷鉢	公元 710 金城公主 吐蕃贊普	公元 722 燕郡公主 契丹松漠郡王李郁于	公元 744 和義公主 寧國奉化王	公元 758 寧國公主 回紇英武威遠毗伽闕可汗
公元 641 文成公主 吐蕃松贊干布	公元 717 固安公主 先嫁奚族首領李大酺，後又嫁魯蘇 交河公主 突騎施可汗蘇祿 永樂公主 契丹松漠王李失活		公元 745 靜樂公主 契丹松漠都督崇順王李懷節 公元 745 宜芳公主 饒樂都督懷信王李延寵	公元 768 崇徽公主 回紇可汗

大宛都督府　碎葉

康居都督府

疏勒鎮　喀什

月氏都督府

烏魯木齊

安西都護府　庫車

西州

北庭都護府

安北都護府

伊州

攻吐蕃、征西域

敦煌　沙州

甘州　張掖

涼州　武威

蘭州

于闐鎮　和田

且末

攻吐谷渾

青海

松州

益州　成都

唐詩

唐代，中國詩歌進入了一個全盛時期，湧現出李白、杜甫、王維、白居易、杜牧、李商隱等著名詩人。唐詩代表了中華詩歌的最高成就，與宋詞、元曲一起成為中國文化的關鍵代表詞。📖▸88

邏些城
◉ 拉薩

吐蕃

天

竺

曲女城

各國遣唐使臣

遣使入唐

唐朝是一個國際性帝國，政府設置鴻臚寺、典客署等機構，專門管理、接待外國賓客和使節。來唐的外國使節，除了近鄰日本、朝鮮外，還有波斯人、阿拉伯人、印度人，甚至包括了東羅馬帝國的使節。📖▸88

昆明

主要外國使團入唐次數情況

阿拉伯帝國	33次	粟特的康國	30次	吐火羅國	26次	新羅	26次	波斯	26次	印度	25次
越南	24次	粟特的石國	21次	粟特的安國	17次	日本	13次	粟特的米國	10次	火尋	10次
粟特的曹國	8次	百濟	8次	高麗	7次	東羅馬	7次	粟特的史國	5次	斯里蘭卡	5次
粟特的何國	2次	尼泊爾	2次								

唐（前期）

圖例

- 唐都城
- 其他政權都城
- 都護府、都督府、州治
- 西安 今地名　　運河
- 唐統一戰爭主要戰場
- 唐征外藩主要路線
- 突厥西遷路線示意
- 玄奘西行路線示意

《步輦圖》

女皇帝武則天

武則天（公元 624 -705 年）是中國歷史上唯一一位女性皇帝。她本為唐太宗的才人，後成為高宗皇后。高宗死後，手握實權。公元 690 年，她廢掉自己的兒子，正式稱帝，改國號為周。公元 705 年，宰相張柬之等人發動政變，逼病重的武則天退位，復唐國號。

從貞觀到開元

從唐太宗貞觀年間到唐玄宗開元年間的一個多世紀，是唐朝最為鼎盛的時期，史稱"貞觀之治"、"開元盛世"。這一時期，唐朝都城長安成為國際大都市，世界各地的商賈雲集。 88

地圖標註：

松漠都督府
改東突厥
單于都護府
遼城州都督府
征高麗
平州
北京　幽州
瀋陽　高麗
渤海
安東都護府
征高麗
平壤
黃
李淵起兵　并州　太原
邢州　洛水之戰
潞州　柏壁之戰
原　洛陽　洛州　虎牢之戰
長安
徐州
登州
熊津都督府
黃海
新羅
江寧
淮　南京
盧州　合肥
鄂州　武漢
杭州
唐
荊州
江州
越州
紹興
洞庭湖
彭蠡湖
洪州
南昌
長沙　潭州
湘
泉州
福州
永州
桂林
廣州
東沙
崖州
海南島
長安城西市
南海
唐

東海
太平洋
台灣島

唐（618 年到 907 年）

怛羅斯之戰

公元 751 年，唐軍 3 萬餘人在高仙芝率領下，深入中亞腹地怛羅斯，與向東擴張的阿拉伯帝國軍隊相遇，雙方展開激戰，結果唐軍敗北，中華文明擴張之勢被遏制，阿拉伯文明則滲入西域。📖88

宗教的傳播

唐代皇帝推崇佛教和道教，也有玄奘赴天竺求佛法的壯舉。但對其他宗教信仰，整個社會也持包容的態度。比如景教、摩尼教、祆教、伊斯蘭教等，都被允許立寺傳教。高昌壁畫中就有表現景教"聖枝節"的場面。

曲轅犁與筒車

曲轅犁是深耕農具，筒車是汲水灌溉工具，這兩個發明，對於江河兩岸農田，特別是水稻田的灌溉，發揮了重要作用，極大促進了江南農業的發展。📖89

晚唐亂局

安史之亂後，唐朝國力迅速衰落，地方有藩鎮割據，中央有宦官專權、朋黨之爭，內耗不斷。終於引發了聲勢浩大的黃巢起義。起義歷時 10 年，雖被撲滅，但唐王朝已名存實亡。📖89

怛羅斯之戰

怛羅斯　葛邏祿

北庭　烏魯木齊　安西　龜茲　西州　伊州

疏勒

沙州　敦煌

甘州　張掖

涼州　武威

青海

吐谷渾　蘭州

回鶻牙帳

松州

劍南節度

成都　渝州

吐　蕃

邏些城

拉薩

天　恆　河

竺　波吒厘子城

羊苴咩城

大理　昆明

南詔

安　經　州　交州

36

唐（後期）

景教"聖枝節"

唐都城　　　其他政權都城
節度使治所　　府、州治
西安　今地名
古戰場　　　運河
安史之亂進軍路線
黃巢起義進軍路線

室韋
韋
黑水
鞨
東平府
湄沱湖
渤海
上京
日本海
契丹
安東都護府
瀋陽
南京
振武節度使
于府
盧龍節度使
平壤城
新羅
北京
幽州
河東節度使
成德節度使
鎮州
平盧節度使
青州
太原府
昭義節度使
潞州
河南府
兗州
武寧節度使
徐州
洛陽
汴州
唐州
揚州
淮南節度使
蘇州
荊南節度使
盧州
合肥
南京
杭州
江陵府
鄂州
武漢
越州
紹興
洞庭湖
洪州
南昌
長沙
潭州
福州
永州
虔州
嶺南節度使
桂林
潮州
廣州
東沙群島
崖州
海南島
南海

三彩騎馬狩獵俑

"唐三彩"是著名的
彩繪陶器，主要用於
陪葬。

安史之亂

公元 755 年，身兼三鎮節度使的安祿山起
兵叛唐，"安史之亂"爆發。叛軍半年之內
攻克洛陽、潼關，危及長安，唐玄宗倉促
逃往四川，整個國家由此陷入了
長達七、八年的
戰亂之中。89

安

唐 (618 年到 907 年)

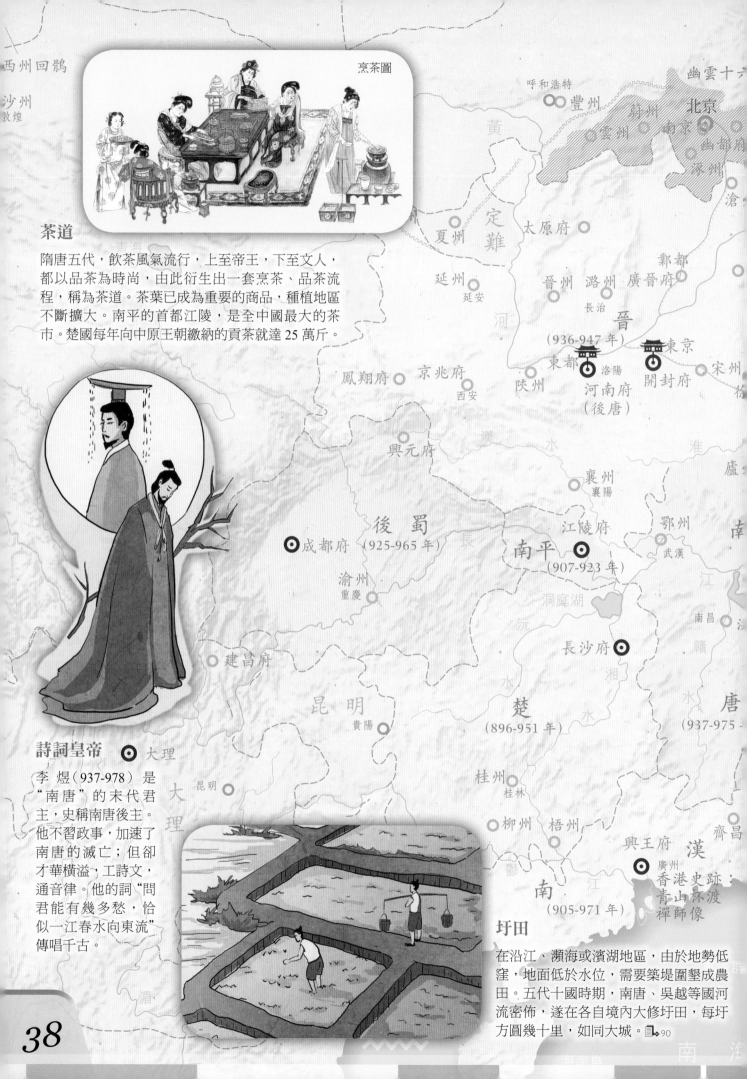

烹茶圖

茶道

隋唐五代，飲茶風氣流行，上至帝王，下至文人，都以品茶為時尚，由此衍生出一套烹茶、品茶流程，稱為茶道。茶葉已成為重要的商品，種植地區不斷擴大。南平的首都江陵，是全中國最大的茶市。楚國每年向中原王朝繳納的貢茶就達 25 萬斤。

西州回鶻

沙州
敦煌

青海

呼和浩特

豐州

雲州

斜州

幽雲十

北京

南京

幽

涿州

滄

夏州

定難

太原府

延州
延安

黃

河

晉州　潞州　廣晉府

長治

晉
(936-947 年)

鄴都

東都
洛陽
河南府
(後唐)

東京
開封府

宋州

鳳翔府

京兆府
西安

陝州

興元府

漢

水

襄州
襄陽

淮

盧

後　蜀
(925-965 年)

成都府

長

江陵府

南平
(907-923 年)

鄂州
武漢

南

渝州
重慶

洞庭湖

沅

江

南昌

贛

詩詞皇帝　◉ 大理

李 煜（937-978）是"南唐"的末代君主，史稱南唐後主。他不習政事，加速了南唐的滅亡；但卻才華橫溢，工詩文，通音律。他的詞"問君能有幾多愁，恰似一江春水向東流"傳唱千古。

大

理

昆明

昆 明
貴陽

水

長沙府

湘

楚
(896-951 年)

水

唐
(937-975

齊

桂州
桂林

柳州　梧州

漢

興王府
廣州

南
(905-971 年)

江

香港史跡：
青
山
禪院

杯渡

史
像

圩田

在沿江、瀕海或濱湖地區，由於地勢低窪，地面低於水位，需要築堤圍墾成農田。五代十國時期，南唐、吳越等國河流密佈，遂在各自境內大修圩田，每圩方圓幾十里，如同大城。📖▸90

南

五代十國

節度使的天下

"五代"與"十國"都是節度使建立的政權，是晚唐藩鎮割據的延續。位於中原的後梁、後唐、後晉、後漢、後周前後相承，被稱為"五代"；周邊的南唐、楚、蜀等政權被稱為"十國"。節度使安重榮曾說："天子，兵強馬壯者當為之，寧有種耶？"是這一時期的真實寫照。

後梁（907-923年）
後唐（923-936年）
後晉（936-947年）
後漢（947-950年）
後周（951-960年）

兒皇帝

石敬瑭原本是後唐的節度使，契丹助其稱帝，建立後晉。石敬瑭遂認比自己小十多歲的契丹國主耶律德光為父，自稱"兒皇帝"。同時，將燕、雲等北方十六州獻給契丹。📖89

黃袍加身

公元 960 年的一天，前方突然傳來契丹入侵的消息，趙匡胤奉旨領兵出征。部隊走到陳橋驛時，趙匡胤的親信將一件黃色袍服披在他身上，擁戴他做了皇帝。趙匡胤班師回京，迫使後周幼主退位，自己登基，建立宋朝。📖89

以歲幣換和平

宋代重文抑武的國策，帶來的負面影響便是軍隊疲弱，無力對抗北方的強敵遼、西夏、金。為此，宋朝被迫"花錢買和平"，通過每年向這些政權進獻歲幣、絹帛、茶葉等財物，甚至稱臣、稱姪，以換取和平。📖90

靖康之恥

靖康元年正月，金兵直抵汴梁城下，宋徽宗匆忙傳位給兒子宋欽宗，並滿足了金人提出的要求。到了八月，金人再次攻宋，汴梁城破，徽宗、欽宗以及宗室、大臣等三千多人被擄走，汴梁被劫掠一空，北宋滅亡。📖91

夜市興起

北宋中葉，隨着商業貿易的繁榮，持續了上千年的坊市制度、夜禁制度終於被打破。都城開封市內，首先出現了夜市，可營業到凌晨。到了南宋，都城臨安的夜市更是徹夜不閉。📖90

香港史跡：
元朗鄧符協墓

北宋

都城
路、道、府、州治
西安　今地名
金第一次攻東京路線
金第二次攻東京路線

黃龍

瀋州
瀋陽

西京　平壤
開城　高麗
開京

黃海

東海

登州

寧波　明州

釣魚島

流求

台灣海峽

台灣

杯酒釋兵權

宋太祖與親信大將石守信、高懷德等人宴飲。席間，他問道："他日別人將黃袍披在諸位身上，你們怎麼辦呢？"並說："你們不如多積金錢，頤養天年。"眾將心領神會，主動要求解除兵權。📖90

天子門生

宋朝大力完善科舉制度。鄉試、會試考取的考生，由皇帝親自主持復試並欽定名次，稱"殿試"，其中前三名，就是狀元、榜眼、探花。參加了"殿試"的考生，一律為進士，可直接做官，成為無比榮耀的"天子門生"。📖90

狀元
榜眼
探花

王安石變法

面對國家積貧積弱、入不敷出的局面，宋神宗啟用王安石主持朝政，屬行變法改革。變法一度令國家財政狀況改善，軍事力量加強，但也損害了不少官僚和商人的利益，加之措施也有失當的地方，最終被廢止。📖91

北　台灣島

南　海

采石之戰

火炮

火箭

車船

紹興三十一年（1161）十一月，金軍自采石渡江。宋軍在虞允文指揮下，以訓練有素的水師在長江阻擊金軍，宋軍使用先進的車船、霹靂炮攻擊金軍，金軍大敗。📖91

蒙　古

大斡耳朵

西　夏

西涼
武威

中興　銀川

北京　大

中都

太原

齊

蘭州

黃

岳飛

南宋中興四將之一，抗金名將、民族英雄。

洛陽　南京
開封　河

宋詞　脱　思　麻

宋詞是與唐詩並稱的文學形式，風格大體可分為豪放、婉約兩派。"豪放派"的代表是蘇軾，繼起的是辛棄疾等人。婉約派可以上溯到南唐後主李煜，北宋的晏殊、柳永都是代表，李清照則是兩宋之間的大家。

蘇軾像

京兆
西安　河南府

蔡州

襄陽

利州

興元

巴州

鄂州　安

江陵府　武漢

成都

長

重慶

岷

瀘州

洞庭湖

隆興

長沙　潭州

沅

南

矩州

貴陽

桂林

贛

崖山之戰

1279 年，南宋軍隊與蒙古軍隊在崖山進行大規模海戰，這是宋元之間的最後決戰。元軍以少勝多，宋軍全軍覆滅。南宋滅國時，陸秀夫背負少帝趙昺投海自盡，許多忠臣追隨其後，十萬軍民跳海殉國。📖92

天竺

梧州

廣州

惠州

崖山之戰

雷州

瓊州

香港史跡：
馬頭圍宋
梅窩李府
佛堂門天后

南

南宋

鵝湖辯論

兩宋時期，儒學發展為理學。南宋時，理學兩大流派的代表朱熹與陸九淵在信州鵝湖寺進行學術辯論，成為影響理學發展走向的一次辯論。後來，朱熹所闡述的理學成為正統思想，被定為科舉考試的依據。📖91

| 都城 |
| 路、道、府、州治 |
| 西安 今地名 |
| 南宋主要港口 |
| 古戰場 |
| 岳飛第四次北伐路線 |
| 忽必烈滅宋主要路線 |

假天儀

天文台與太空舘

北宋時期，建造了當時世界上最早，也是最先進的綜合性天文台——水運儀象台和大型天文演示儀器——假天儀。南宋於 1199 年頒行的《統天曆》，將回歸年的長度精確為 365.2425 日，比歐洲早了近四個世紀。📖92

水運儀象台

市舶之利

兩宋時期，海外貿易極為發達。政府在廣州、杭州、明州、泉州等處設"市舶司"，管理海外貿易，從中獲利頗豐，是政府財政收入的重要來源之一。📖91

北琴海

日本海

開城 ○ 開京

高麗

黃海

東海

揚州
建康

臨安 明州

溫州

釣魚島

台灣島

南海

四族同源

相繼建立政權的契丹、党項、女真以及蒙古，其實都源於戰國時期的"東胡"人，雖然這幾個民族後來各自獨立發展，並不斷與其他民族融合而壯大，但他們在髮式、信仰、風俗等方面仍保持了共通之處。📖92

榷場貿易

宋、遼、金、西夏彼此之間的貿易活動十分頻繁，為加強管理，各方在邊境地區固定的地點設置榷場（交易中心），在官方監督之下開展貿易活動。📖92

捺鉢

捺鉢是契丹語"行營"的意思。遼代帝王保留了遊牧民族的傳統，雖然興建了五座京城，但一年四季的多數時間，都要出遊射獵，住在捺鉢，稱為"四時捺鉢"。官員也要隨行處理國事，捺鉢實際成為國家的政治中心。

遼西金
夏

党項　　契丹　　女真　　蒙古

西域、中亞馬

古代蒙古馬

- 🏛 都城
- ○ 路、道、府、州治
- 西安 今地名
- ← - - 金滅遼進軍路線
- ← - - 蒙古滅西夏進軍路線
- ← - - 蒙古滅金進軍路線

馬上得天下

契丹、女真、党項、蒙古等北方民族，遷徙、征戰都依賴於馬匹，由此積累了豐富的戰馬馴養經驗。在當時的北方草原上，較為著名且重要馬匹種類的是果下馬、西域及中亞馬、蒙古馬。

騎兵利與弊

金軍騎兵所向披靡，宋軍遂以城池為依托構築了龐大的防禦體系。金軍曾命士卒穿戴多重防護鎧甲，三人一組，用皮繩相連，組成"鐵浮屠"攻城，背後還有"拒馬子"揮刀督戰，都不能取得勝利。📖92

遼朝中央集權的兵制體系

北樞密院（契丹樞密院）
掌管兵機，武官的選拔，國家管理的牧場，凡契丹人的軍馬事務都隸屬於北樞密院

北、南宰相府（輔助處理軍國大政）　　北、南大王府（輔助處理軍國大政）

詳穩司（輔助處理軍國大政）　　統軍司（掌管邊防軍事）

南樞密院（漢人樞密院）掌管漢地軍馬

南京都元帥府　　漢地各州馬步軍指揮使司

南北面官

遼國的境內既有契丹等族人，又有漢人，彼此風俗迥異，為了便於統治，遼政府採取了南北面官制，北面官主要統治契丹和其他遊牧民族，南面官管轄漢地、漢人。決策權實際掌握在北面官機構的契丹人手裏。

蒙古崛起

公元 1204 年，乞顔部首領鐵木真征服了蒙古各部。公元 1206 年春，蒙古各部族首領在斡難河（今鄂嫩河）源召開大會，鐵木真被尊為"成吉思汗"，蒙古國建立。這是橫跨歐亞的蒙古帝國的先聲。📖93

元代青花八楞瓷罐

這是中國青花瓷罕見的珍品。

管轄西藏

窩闊台汗時期，蒙古勢力進入西藏，藏傳佛教薩迦派高僧受到蒙古統治者禮遇。忽必烈統治時期，設立宣政院，進一步加強了對西藏地區的控制，並迎請薩迦派祖師八思巴擔任帝師。📖93

元大都

忽必烈於公元 1271 年建國號為大元。次年，確定以大都（今北京）為首都，為此大興土木，營造都城，不但使大都成為國際性大都會，更奠定了今日北京城的基礎。📖93

元大都平面復原圖

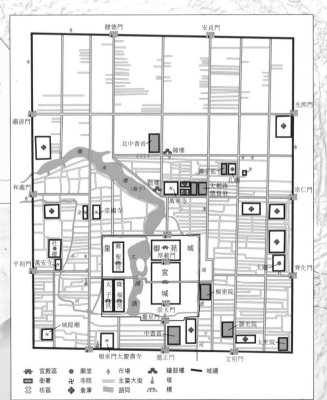

察合台汗國

窩闊台汗國

宣政院轄地

益蘭州等部斷事官轄地

元

紙幣寶鈔

寶鈔是中國古代的一種紙幣。元世祖於中統元年（1260年）下詔發行"中統寶鈔"，是元朝最早發行的紙幣，它以桑麻紙製，面值自十文至二貫文，共九等。元朝歷史上一共發行了五種紙幣，流通全國。📖 93

中統寶鈔

圖例

- 🏯 元朝都城
- ◉ 其他政權
- ○ 路、府治
- ○ 元末割據政權
- 西安 今地名
- 🚩 紅巾軍起義地點
- ←--- 明滅元進軍路線
- ←--- 元順帝逃離路線

授時曆

在郭守敬的主持下，研製出簡儀、仰儀、玲瓏儀等天文儀器，測定黃道與赤道的交角為 23 度 33 分 34 秒。據此制定的《授時曆》一年的誤差僅為 26 秒，比現行公曆的使用早三百年。📖 93

元大都的民居

元曲

元雜劇和散曲合稱元曲，它源自"蕃曲"、"胡樂"，先在民間流傳，後逐漸發展，和唐詩、宋詞、明清小說並舉。其代表人物為元曲四大家：關漢卿、馬致遠、鄭光祖、白樸。代表作品有《竇娥冤》等。

《竇娥冤》中竇娥被冤殺情景

香港史跡：
九龍城宋王臺

爾湖 河 難 幹 黃 河 馬 河 沅 江 桂林 寧 瓊州 海南島 南 海

同 江 混

遼東 瀋陽 東京 東寧 平壤 王京 高麗

日 本

上都 北京 大都 太原 濟南 益都 渤海

徐州 河南府 劉福通 亳州 潁州 張士誠 高郵 建康 南京 朱元璋 徐壽輝 蘄水 江 江州 鄱陽湖 陳友諒 潭州 長沙 袁州 周子旺 溫州 福州 廣州

紅巾軍起義

洞庭湖 江 贛 流 求 灣島

東沙群島

南 海

驛路繁忙

在四大汗國與元朝之間有發達的驛路相通，政府在驛路之上廣設驛站，不但使節往來頻繁，也保障了東西方商路的暢通。威尼斯人馬可·波羅就是此時來中國經商的。他在中國十七年，回鄉之後，口述了《馬可·波羅行紀》，激發了歐洲人對富饒中國的嚮往。

成吉思汗銅像

莫斯科
不里阿爾
伏爾加的河勒河
欽 察 汗 國

乞瓦
基輔

布達
布達佩斯

1236-1241 年

鹹海
大鹽池
塔

拔都薩萊
阿斯特拉罕

寬田吉斯海

玉龍傑赤

察

君士坦丁堡
伊斯坦布爾

速答黑

黑 海

撒麻耳干
阿姆河
撒馬爾

地 中 海

伊

桃里寺
大不里士

刺夷

利

1252-1260 年

汗

大馬士革

報達
巴格達

國

三次西征

蒙古崛起之後，曾有三次大規模西征。第一次是 1219 年，由成吉思汗親自統率和指揮，攻至今俄羅斯境內伏爾加河流域；後兩次分別是 1235 年拔都指揮的"長子西征"，蒙古大軍破俄羅斯，攻入波蘭和匈牙利；1252 年的旭烈兀西征，兵鋒直抵西亞，佔領巴格達，攻入敍利亞。通過這三次西征，蒙古建立了橫跨歐亞的軍事帝國。

印 度 洋

元與蒙古四大汗國

🏯 元朝都城
◉ 四大汗國
◎ 主要城市
霍城 今地名
← 第一次蒙古西征
← 第二次蒙古西征
← 第三次蒙古西征
← 馬可・波羅
　 來華路線

四等人制的人數

漢人 約1000萬人

南人 6000萬人

蒙古人 約100萬人

色目人 約100萬人

四等人制

元朝將全國人口分為蒙古人、色目人、漢人和南人四個等級。蒙古人最高貴；色目人次之，包括了四大汗國之內的諸多民族；漢人地位較低，指原金朝境內的漢、女真、契丹等；南人地位最低，指原南宋境內各民族。這種民族歧視政策，激化了民族矛盾。

窩闊台汗國

1219-1225 年

和林

汗國

額敏

也迷里

阿里麻里

霍城

元

1271-1275 年

上都

大都 北京

可失哈耳 喀什

沙州

敦煌

中興 銀川

黃河

齊兒斯河石河

恰騰吉斯爾喀什湖

四大汗國

在西征征服的土地上，蒙古建立了四個汗國。成吉思汗的兒子分別建立了察合台汗國、窩闊台汗國，他的孫子拔都建立了欽察汗國，旭烈兀建立了伊利汗國。元朝在名義上是這四大汗國的宗主國。大批蒙古人作為征服者來到被征服地區，逐漸與當地人交融、同化，令雙方的風俗、信仰都發生了巨大變化。

四大汗國（1225 年到 1242 年）

廢丞相

洪武十三年（1380），明太祖以謀反的罪名誅殺丞相胡惟庸，正式廢除丞相之職。後又在華蓋殿、文淵閣等內廷殿閣設大學士，協助處理政務。"內閣大學士"由此誕生並漸成重臣。94

京師保衛戰

1449 年，蒙古瓦剌部入侵，明英宗御駕親征，結果在土木堡全軍覆沒，自己也做了俘虜。瓦剌大軍趁勢兵臨北京城下，明軍在于謙等人率領下，堅守不降、頑強抗敵，終迫瓦剌退軍。95

廠衛特務

明太祖時設立錦衣衛，負責偵緝百官。明成祖時，又設由宦官統領的東廠，二者合稱"廠衛"，不受律法約束，專門從事特務活動，從而形成與明朝相始終的特務組織。這是明代政治的一大特色。95

鄭和下西洋

明成祖登基後，為了擴大影響，命三寶太監鄭和率領當時世界上規模最大的船隊遠航"西洋"。從永樂三年（1405）一直到宣德八年（1433），鄭和及其繼任者共遠航 7 次，船隊直達西亞和非洲東岸，途經 30 多個國家和地區。95

和下西洋示意圖

明（前期）

從農民到皇帝

明太祖朱元璋出身於貧苦農民家庭，曾為地主放牛，父母亡故後，為生計被迫出家做了和尚，後來參加了反元的紅巾軍，歷經十餘年征戰，最終統一中國，成為一代帝王，這在中國歷史上是絕無僅有的。📄▸94

圖例

- 🏯 明朝都城
- ◉ 其他政權
- ◎ 省、府、衛所治
- 🚩 古戰場
- 武漢 今地名
- 〜〜〜 長城
- 〔〔〔 運河
- ←--- 靖難之役路線
- ←-- 鄭和下西洋路線

銀元寶

明代中葉開始用銀兩徵收田賦。收上的碎銀被鑄成五十兩一個的銀錠，也就是所謂的銀元寶。

靖難

朱允炆繼位後，要削奪諸位藩王的權力。燕王朱棣便以"清君側"的名義，發起靖難之役。1402年，朱棣攻入南京，朱允炆下落不明。朱棣稱帝後，於1421年將都城從南京遷到北京。📄▸94

地圖標示

奴兒干都司　奴兒干都司

喀勒石河　闊灤海子

胪朐河　斡難河　韓河

松花江

大寧　瀋陽　遼東都司

土木之變　北京　京師

大同　黃河　渤海　朝鮮　平壤

真定　濟南　漢城 首爾　日本海

太原　延安　徐州　開封　黃海　平安京　日本

河南　河

襄陽　鳳陽　淮河　應天　劉家港

武昌 武漢　南京　杭州　長江

潭州 長沙　南昌　鄱陽湖　洞庭湖

沅　湘　贛　水

贛州　福州　小琉球

廣州　台灣海峽　台灣島

寧　江　南　海　海南島

瓊州　海南島　南　海

東沙群島

南　海

倭寇為患

明代中葉，一批落魄的日本武士與中國盜匪勾結，不斷滋擾中國東南沿海地區，被稱為"倭寇之患"。後來，明政府起用俞大猷、戚繼光等名將，有效打擊了倭寇的囂張氣焰。95

西學東漸

明朝末年，以利瑪竇為代表的天主教耶穌會教士來到中國，開始在中國傳教。在傳教之餘，他們還把西方文明、科技介紹到中國。望遠鏡、近代火炮（紅夷大炮），就是此時傳入中國的。這一傳播過程，被稱為"西學東漸"。96

利瑪竇與徐光啟

宦官之禍

明代是中國歷史上宦官為禍最甚、持續時間最長的朝代。明代宦官有四司、八局、十二監，共二十四個衙門，其中司禮監可以替皇帝朱批奏章，權力最大。王振、劉瑾、馮保、魏忠賢等權閹，便都執掌過司禮監。96

書院

書院是學者私人講學的地方，與官學迥異。明代中葉以後，書院發展達到鼎盛，成為各種文化思潮的中心。及至晚明，以東林書院為代表，書院一度成為知識分子評議、影響時政之所在。96

明（後期）

崇禎殉國

1644 年 4 月 25 日拂曉，李自成的農民軍攻城勢頭猛烈，京城已破，大臣們或降或跑。絕望至極的崇禎皇帝自縊在煤山（景山）的大樹之下，標誌着明朝的滅亡。📖96

圖例：

明朝都城
其他政權
省、府、衛所治
武漢 今地名
倭寇侵擾路線
萬曆援朝進軍路線
鄭成功收復台灣路線
李自成起義進軍路線
清軍入關進軍路線
抗倭戰場與農民起義地點
長城　　運河

北山女真部

奴兒干

喜申衛

哈巴羅夫斯克克

武漢

黑龍江

女真

建州女真部

興凱湖

莫溫河衛

察罕兒

瀋陽中衛

遼東都司

1592-1598 年

朝鮮

平壤

京師 北京

大同

真定

太原

黃

渤海

日本海

日本

平安京

漢城
首爾
朝鮮

晉州

紅夷大炮復原圖

祥起義

安忠起義

西安

河南
洛陽

開封

會通河

黃海

東海

援朝抗倭

1592 年 4 月，掌握日本大權的豐臣秀吉大舉侵朝，朝鮮國王遣使向宗主國明朝求援，明軍入朝作戰，戰爭持續了六年，雙方都付出了數萬人傷亡的代價，最終因豐臣秀吉病逝，日軍撤退而結束。📖96

明

襄陽

鳳陽

淮河

應天

南京

武昌 武漢

長江

杭州

鄱陽湖

南昌

贛江

湘江

洞庭湖

潭州
長沙

沅水

王江涇
大捷

寧波

台州大捷

溫州

橫嶼大捷

福州

仙遊之戰

廈門

漳州

廣州

林

安寧

廉州

瓊州

海南島

南　海

小琉球

台

東沙群島

1661 年，鄭成功率部從荷蘭殖民者手中收復台灣。

明（1368 年到 1644 年）

八旗

八旗是滿清軍政合一的組織，由女真人的"牛彔"制度演化而成，包括黃、鑲黃、紅、鑲紅、藍、鑲藍、白、鑲白，並稱八旗，後又增加蒙古八旗、漢軍八旗。直到清代後期，八旗軍隊才被新式近代軍隊所取代。📖97

固山（旗）　5甲喇（7500人）
▲
甲喇　5牛彔（1500人）
▲
牛彔（300人）

剃髮易服

清朝前　清前期　清中期　清晚期

剃髮與屠城

清軍一路南下，攻城略地。並頒佈剃髮令，要求民眾仿效女真人的裝束"剃髮易服"。各地民眾進行了強烈抵抗，由此引發清軍在嘉定、揚州等地進行了慘絕人寰的屠殺，被稱為"嘉定三屠"和"揚州十日"。📖97

科布多
和通泊之戰 1731年
烏里雅蘇台
色楞格
光顯寺之戰 1732年
烏里雅蘇台

伊犁
伊寧
清征達瓦齊之戰 1755年
烏嚕木齊
烏魯木齊
吐魯番
哈密

喀什噶爾
喀什
新
庫車
疆
塔里木河
沙州 敦煌
甘

西寧
蘭州

清平西藏之戰 1717-1720年
拉薩 喇薩
日喀則

成都
川
四
長
重

十三行

1757年，乾隆皇帝下令以廣州一處作為對外通商的口岸，而且外商只能與清政府特許的中國商人從事貿易活動。這些有外貿特權的中國商人，被習慣地稱為"十三行"，他們亦商亦官，獲利豐厚，但責任也很大。📖97

吳三桂
雲南
昆明

貴

越
河內
南

清（前期）

尼布楚條約待議圖

雅克薩之戰
1685-1688 年

雅克薩

尼布楚
尼布楚條約簽署地
1689 年

黑龍江城

伯力
哈巴羅夫斯克

齊齊哈爾

哈爾濱

興凱湖

雙城子
海參崴
付拉迪沃斯托克

吉林

中前旗

庫楞湖

圖例	
都城	
○	省級駐所
武漢	今地名
⚑	古戰場
	運河
←—	清平定三藩進軍路線

烏蘭布通之戰
1690 年

京師
北京
承德
盛京
奉天

天津

保定

太原

濟南
山東

洛陽
河南
開封

安徽

武昌
武漢
安慶

江蘇
江寧

杭州
浙江
寧波

常德

長沙
湖南

南昌
江西

福州
耿精忠
福建

泉州

潮州

廣州
尚之信

澎湖之戰
1683 年

台灣

瓊州
海南

康熙大帝

清聖祖愛新覺羅·玄燁，是清朝入關之後的第二位皇帝，他在位 61 年，是中國歷史上在位時間最長的皇帝。因為年號康熙，所以通常稱作康熙帝。他一生文治武功，政績卓著，令清朝進入鼎盛時期。▐►97

大型圖書的編纂

清政府先後兩次以舉國之力編纂大型圖書，一是康熙朝的《古今圖書集成》，一是乾隆朝的《四庫全書》。後者的規模為歷史之最，總計三萬餘冊，分經、史、子、集四部，著錄古今圖書近八萬卷，由 360 多位學者費時 20 年才完成。該書共七套，今有四套保存完整。

文字獄

滿清作為少數民族政權，為鎮壓知識分子和漢人的反抗，往往從其作品中摘取字句，羅織罪名，並廣事株連，構成冤獄。徐駿因詩句"清風不識字，何必亂翻書"被雍正皇帝處決，也可算作其一。▐►97

清風不識字
何必亂翻書

清

香港史跡：
元朗舊墟、元朗周王二公書院、銅鑼灣紅香爐天后廟、荃灣三棟屋、大埔樊仙宮、東涌炮台、坪洲奉禁封船碑

清（1636 年到 1911 年）

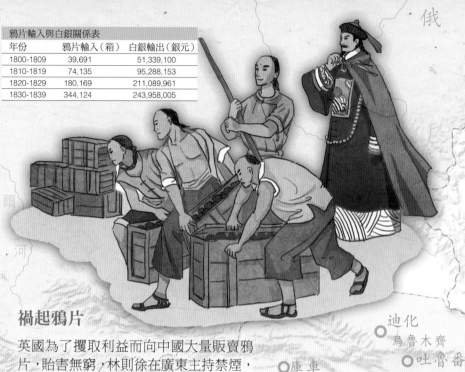

洋務運動

兩次鴉片戰爭的失敗，使得中國的有識之士開始覺醒，他們以富國強兵為目標，學習西方先進科技，創辦了一批近代軍事工業、民用企業。被稱為洋務運動。📖 98

禍起鴉片

英國為了攫取利益而向中國大量販賣鴉片，貽害無窮，林則徐在廣東主持禁煙，由此引發了第一次鴉片戰爭。最終清政府戰敗，被迫與英方簽署了中國歷史上第一個不平等條約《南京條約》，賠款並割讓香港島給英國，這是近代中國主權不斷淪喪的開始。📖 98

迪化
烏魯木齊
庫車
吐魯番
和闐
和田

武昌起義

1911 年 10 月 10 日，革命黨人在武昌發動起義，打響了推翻清王朝統治，同時也是終結帝制時代的第一槍。此後，各地紛紛響應。因為 1911 年是農曆辛亥年，以武昌起義為代表的這一革命行動也被稱為"辛亥革命"。📖 100

魯多克
涼州
青海
西寧
蘭州
成都
重慶

八國聯軍

帶有盲目排外性質的義和團興起後，被清政府所利用，導致北京等地發生攻打教堂，仇殺外國人等行為，由此招致英、法等列強組成聯軍侵華，最終迫使清政府簽署了《辛丑條約》，僅賠款本息就達 9.8 億兩白銀。📖 98

大理
雲南
昆明

清（後期）

清（1636 年到 1911 年）

變法與新政

《馬關條約》簽署後，康有為、梁啟超、譚嗣同等人於 1898 年發起"戊戌變法"；《辛丑條約》簽署後，清政府終於在 1901 年被迫開始變法改革。前者曇花一現，百日而廢；後者廢除了科舉制，並計劃立憲，但終沒能挽救清朝和中國的命運。98

我自橫刀向天笑，去留肝膽兩崑崙

圖例

🏯 都城　○ 省級駐所
福州 洋務運動舉辦城市
○ 主要通商口岸城市
武漢 今地名
⇠ 第一次鴉片戰爭
　英軍入侵路線
⇠ 第二次鴉片戰爭
　英法聯軍入侵路線
⇠ 太平天國進軍路線
⇠ 甲午戰爭日軍入侵路線
🚩 古戰場　⊥⊥⊥⊥ 運河

甲午戰爭

1894 年，在開展"洋務運動"三十年的清王朝和推行"明治維新"二十餘年的日本之間，進行了一場激烈的戰爭，結果清軍在陸地和海上兩個戰場潰敗。被迫於 1895 年 4 月 17 日與日本簽署喪權辱國的《馬關條約》，割讓台灣及澎湖列島給日本。98

斯
九湖湖
呼倫池
龍江
蒙
古
吉林 吉 海參崴 符拉迪沃斯托克
林
奉天 朝
直 承德
京師 大連
北京 渤 平壤之戰
天津 海 平壤 京城 首爾
保定 隸
太原 東 濟南 大東溝海戰
山 鮮
黃 山 江 威海衛保衛戰
河 西 黃 東
洛陽 河
河南 開封 安 淮
河南 安 江寧
湖 武昌起義 徽 上海
1911 年 武漢 安慶 杭州 寧波
北 武昌 鄱陽湖 浙江
洞庭湖 江 南昌
長沙 贛 釣魚島
湖 南 福
衡州 江 建
西 廈門
林 東 潮州
田 西 廣州
義 虎門銷煙
0 年 廣 香港 東沙群島
瓊州 東 海
海南 南 海
日
本
東 海
太 平 洋
台灣島
海南島
台灣
南 海
南 海

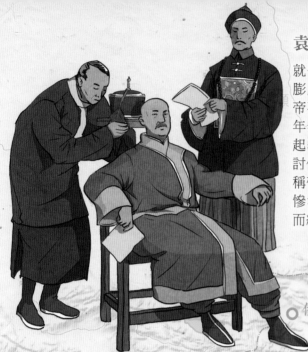

袁世凱稱帝

就任民國大總統後，野心膨脹的袁世凱又做起了皇帝夢，他宣佈更改國號和年號，登基稱帝。此舉激起舉國各界的強烈抗議和討伐聲浪，在內外交困中，稱帝鬧劇僅持續了 83 天便慘淡收場，袁世凱也抑鬱而終。📖100

五四運動

1919 年 5 月 4 日，北京高校的 3000 多名學生代表雲集天安門前，抗議在巴黎和會的決議中，列強將德國在華權益轉讓給日本的行徑。學生的愛國行為得到全國各界的支持，紛紛罷課、罷工響應，被稱為"五四風雷"。📖100

紅軍長征

1934 年 10 月，在南京政府第五次軍事圍剿之下，中國共產黨領導的紅軍被迫從江西瑞金戰略轉移。1936 年 10 月，紅軍主力抵達甘肅會寧，其中紅一方面軍行程為二萬五千里，因此又被稱作二萬五千里長征。📖101

北伐戰爭

1926 年 7 月 9 日，國民革命軍從廣東分三路出師北伐，先後擊敗以吳佩孚、孫傳芳、張宗昌為主力的北洋軍閥，建立南京政府。1928 年底，控制東北三省的奉系軍閥張學良宣佈"東北易幟"，接受南京政府領導。至此，中國實現了形式上的統一。📖100

中華民國

圖例

◉ 首都
○ 省級駐所
⭐ 革命根據地
⇠-- 北伐戰爭主要進軍路線
⇠- 紅軍長征主要路線

第一次國共合作

1924 年 1 月，在孫中山的主持下，國民黨一大在廣州召開，確立了聯俄、聯共、扶助農工的三大政策，允許共產黨員以個人身份加入國民黨，開啟了第一次國共合作的序幕。黃埔軍校的建立，就是國共合作的產物。📖▶100

陸軍軍官學校

（地圖標註：）

黑龍江　琿春　龍江　吉　興凱湖　符拉迪沃斯托克（海參崴）　哈巴羅夫斯克（伯力）

聯

特別區　張北　熱河　承德　奉　潘陽　天　朝　平壤　日本海　東京　日

歸綏　黃山　陽曲　太原　直隸　濟南　山東　大連　漢城首爾　鮮　本

根據地　延安　河　鄭縣　河南　開封　銅山　蘇　南京　上海　中共一大 1921年　黃海　青島　東

洛陽　江　淮安　徽　縣　杭州　浙江　東海　釣魚島　台灣島

湖　武昌　江西　南昌起義 1927年　南昌　福州　閩侯　福建　台灣（日佔）

洞庭湖　長沙　秋收起義 1927年　瑞金　福建　廈門

井岡山根據地

西寧　廣　廣州　國民黨一大 1924年　東　南海

瓊州　海南島　南　海　南海諸島

香港（英佔）　東沙群島

北京　渤海　天津

中華民國（1912年到1949年）

七·七事變（盧溝橋事變）

1937 年 7 月 7 日，駐紮在盧溝橋附近的日軍藉口一名士兵失蹤，要求入城搜查，遭到中國守軍拒絕。日軍遂向中國守軍射擊，並炮轟宛平城，中國守軍奮起抵抗，"七·七事變" 爆發。7 月 17 日，蔣介石在盧山發表談話，表示要堅決抗日，全民族抗戰爆發。📖▸101

平型關大捷

1937 年 9 月 25 日，八路軍 115 師在山西大同平型關附近，集中較大兵力對日軍進行了一次成功的伏擊戰，打破了日軍 "不可戰勝" 的神話。📖▸101

日本投降

1945 年 9 月 9 日，日本中國派遣軍總司令岡村寧次在南京簽署投降書，向中國陸軍總司令何應欽表示無條件投降。這是自 1840 年以來，中國人民第一次取得反抗外來侵略鬥爭的勝利。📖▸101

中國遠征軍是中國入緬對日作戰部隊。抗戰期間，遠征軍共收復緬北城鎮 50 餘座，收復滇西失地 8.3 萬平方公里，消滅日軍 4.9 萬餘人，自己亦傷亡約 6.7 萬人。

庫倫
烏蘭巴托

綏遠抗戰
1936 年
歸綏

呼和浩特

黃

七七事變
1937

平型關戰役
1937 年

太原會戰
1937 年

陽曲

太原

百團大

中條山戰役

延安

開封

開

西安事變
1936 年

西安

豫南會戰
1941 年

隨棗會戰
1939 年

棗宜會戰
1940 年
宜昌

武漢會戰
1938 年

成都

長

常德會戰
1943 年
常德

遷都重慶
1937 年

重慶

洞庭

長沙會
1939

長沙

湘西會戰
1945 年

長衡會戰
1944 年

衡陽

貴陽

葡萄

劍川

江

澜

桂林

桂柳會戰
1944 年

廣州
1938

騰沖

昆明

倉

緬

滇西緬北戰役
1944 年

思茅

江

南寧

桂南會戰
1939 年

欽州

廣州

曼德勒

甸

越

南

海

同古保衛戰

同古

抗日戰爭

圖例

◉ 首都　　　○ 省級駐所
▨ 侵華日軍佔領區
▨ 抗日根據地與游擊區
✸ 抗日戰爭主要戰役與事件
← 侵華日軍主要進軍路線
← 中國遠征軍主要進軍路線

地圖標註

齊齊哈爾
哈爾濱
興凱湖
符拉迪沃斯托克
長春
吉林
偽滿洲國成立 1932年
瀋陽
九一八事變 1931年
長城抗戰 1933年
渤海
大連
朝鮮
平壤
漢城 首爾
日本海
黃海
青島
台兒莊戰役 1938年
徐州會戰 1938年
日本
廣島
大阪
長崎
南京
上海
杭州
衢州
浙贛會戰 1942年
東海
鄱陽湖
福州
廈門
汕頭
釣魚島
台北
台灣（日佔）台灣島
東沙群島

偽政權與漢奸

日本佔領東三省後，組建了"滿洲國"偽政權，扶植清廢帝溥儀做了傀儡皇帝。此後，日本在中國各地陸續扶植了殷汝耕、王克敏、梁弘志等多個親日賣國的漢奸政權，其中最為臭名昭著的便是汪精衛的偽南京政府。這些漢奸，遭到全體華人的唾棄。

九·一八事變

1931年9月18日晚，日本關東軍炸毀南滿鐵路瀋陽柳條湖附近的路段，並嫁禍於中國軍隊，隨即以此為藉口，突然向駐守瀋陽的中國軍隊發動進攻，"九·一八事變"爆發，這是日本侵華戰爭的開始。 101

中華民國

三大戰役

從 1948 年 9 月至 1949 年 2 月，共產黨領導的解放軍與國民黨軍隊進行了遼瀋、淮海、平津三次大規模會戰，解放軍大獲全勝，控制了東北全境、長江中下游以北地區、華北大部，為共產黨在全國範圍內的勝利奠定了基礎。102

開國大典

1949 年 10 月 1 日下午 3 時，中華人民共和國舉行開國大典，毛澤東主席在北京天安門城樓上宣告中華人民共和國中央人民政府成立了。這是中華人民共和國成立的標誌。10 月 1 日從此被定為國慶節。103

重慶談判

1945 年 8 月至 10 月，國民黨政府與共產黨代表在重慶舉行國是談判，10 月 10 日簽署《雙十協定》，提出和平建國、避免內戰、政治民主化、軍隊國家化等基本方針。此後，雙方時有衝突，1946 年 6 月，國民黨大舉向共產黨控制的解放區發起進攻，全面內戰爆發。102

國民經濟崩潰

連年戰爭加上國民黨吏治日壞，令經濟迅速惡化，濫發的紙幣急劇貶值，有如廢紙。從 1948 年 8 月到 1949 年 3 月，上海的物價上漲了八萬多倍，政府財政赤字達九百萬億元。經濟已然崩潰。102

建國新
立的中

第一屆政協會議

1949 年 9 月 21-30 日,中國人民政治協商會議第一屆全體會議在北平(北京)召開,會議通過了國名、國旗、國歌、首都等決議,選舉產生了以毛澤東為主席的中央人民政府,頒佈了"共同綱領"和"會議宣言",宣告中華人民共和國成立。📖103

中國人民政治協商會議萬歲

◉ 首都	◎ 省級駐所
⇐--	遼瀋戰役主要作戰路線
⇐--	平津戰役主要作戰路線
⇐--	淮海戰役主要作戰路線
⇐--	渡江戰役主要作戰路線
⇐--	國民黨軍敗退台灣路線
⇐--	志願軍入朝路線

聯

齊齊哈爾　佳木斯
　　　　　興凱湖
遼　　吉林
　北　遼源　長春 吉林
察　熱　　　　通化
哈　　　　　朝
爾　　承德 河錦州 遼瀋陽
歸綏　張家口　　　寧　平壤
和浩特　北平　　　鮮
　　　北京　天津　大連　漢城
山　河　清苑　渤　　　首爾
陽曲　　北　海
太原　　　　　濟南戰役
陝　　　　　1948 年
　　　鄭州　濟南 青島　黃海
河　開封　　　
洛陽戰役　　徐州　蘇中戰役
1948 年 河南　安河　1946 年
　　　　　鎮江
湖　北　淮　蘇　上海戰役
　江 武昌　南京　　1949 年
洞庭湖 武漢 合肥 徽　上海
湖　　　　　杭州 浙
長沙　　　鄱陽湖 江
南　　　　江 南昌
衡寶戰役　　　福
1949 年　西　福州
　　　　　福州戰役
林　　　　1949 年
1949 年　廣東戰役
廣西戰役　1949 年 東
　　　廣州
廣　　
香港
東沙群島

符拉迪沃斯托克
(海參崴)

日 本 海
日本
東
海

渡江戰役

1949 年 4 月 20 日至 6 月 2 日,解放軍在長江中下游地區發起渡江戰役,百萬大軍突破國民黨軍隊的長江防線,於 4 月 23 日佔領首都南京,標誌着國民黨統治的結束。於 6 月 2 日攻佔崇明島,標誌着渡江戰役結束。📖103

釣魚島

台北
台灣海峽
台灣島

南 海

南沙群島

海南島

西北絲綢之路

西漢時，由張騫出使西域開闢的以長安為起點，經甘肅、新疆，到中亞、西亞，並連接地中海各國的商貿通道。它分為兩個方向：一是出陽關，沿崑崙山北麓西行，往西到埃及亞歷山大，或往南進入印度；二是出玉門關，沿天山南麓西行，最終抵達地中海沿岸。

草原絲綢之路

唐代鼎盛時，在絲綢之路東段的西域各國，修了很多支線連通絲綢之路，亦稱"參天可汗道"。大食、東羅馬帝國也不斷派使節到長安與中國相通。敦煌、陽關、玉門這些地方，成了繁華的商業城市。 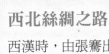 103

威尼斯

阿斯特拉罕
（薩萊）

鹹海

伏爾加河

黑

刻赤

伊斯坦布爾
（君士坦丁堡）

羅馬

撒馬
（撒馬爾

地

中

海

馬什哈德

拉塔基亞
（安塔基亞）

德黑蘭

赫拉特

大馬士革

巴格達

亞歷山大
開羅

蘇彝士

西南絲綢之路

西南絲綢之路即"蜀—身毒道"，因穿行於橫斷山區，又稱高山峽谷絲路。公元前4世紀，巴蜀地區已與印度（身毒）有貿易和文化往來。西漢時期，這條商道被開發出來，成為起於成都，經過雲南高原，從緬甸和西藏地區進入印度和孟加拉的商貿通道。

尼

阿拉伯

絲綢之路

在古代，有一條起始於中國，連接亞洲、非洲和歐洲的商路，它承載着當時東西方文明傳播與交流的使命。中國的絲綢是這條商路上最具代表性的貨物，因此，它被19世紀德國地理學家李希霍芬（Richthofen）命名為"絲綢之路"。 103

海

丁

河

印

絲綢之路

漢代絲綢之路
唐代絲綢之路
草原絲綢之路
西南絲綢之路
海上絲綢之路

烏蘭巴托

和林

烏魯木齊

伊寧

塔拉茲
（怛羅斯）

哈密

吐魯番

庫爾勒

敦煌

喀什

若羌

莎車

武威

蘭州

呼和浩特

北京

蓬萊

西安
（長安）

黃河

成都

武漢

上海

寧波

長江

白沙瓦

新德里

大理

昆明

泉州

廣州

巴特那河

吉大港

合浦

孟買

南

馬尼拉

海上絲綢之路

宋元時期，海外貿易繁榮，當時的廣州、泉州、明州、劉家港等地，是最著名的對外港口。中西方商人開拓了東起中國東南沿海港口，途徑南海、馬六甲海峽、印度洋，到達中東和北非的海上絲綢之路。104

科欽

曼谷

海

恒

奇

巨港

雅加達

周王室的列城

長城是一種牆體防禦建築，因其長度而得名。早在西周時期，為了抵禦遊牧部落犬戎的進攻，曾築連續排列的城堡"列城"以作防禦，西周末期，周幽王為博取美人褒姒一笑而"烽火戲諸侯"的典故就源於此。

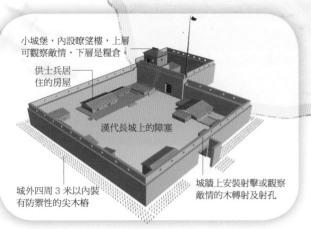

小城堡，內設瞭望樓，上層可觀察敵情，下層是糧倉。

供士兵居住的房屋

漢代長城上的障塞

城外四周 3 米以內裝有防禦性的尖木椿

城牆上安裝射擊或觀察敵情的木轉射及射孔

漢長城

漢武帝時，將匈奴驅逐至漠北，修復了秦長城，又修建了外長城，築成了一條西起大宛貳師城，東至鴨綠江北岸，全長近一萬公里的長城。對保障西漢的安全起了很大的作用，同時也維護了絲綢之路的暢通和安全。▶104

諸侯國的長城

春秋戰國時期，各諸侯國為了防備彼此的進攻，紛紛修築長城禦敵。與北邊遊牧部落接壤的秦、趙、燕等諸侯國，更是修築"拒胡長城"。但此時的長城長度比較短，都是依據軍事防禦的需要而修建的。自此時起，長城的修築持續了 2000 餘年。

北朝及隋長城

北朝的時候，北魏、東魏、北齊、北周都對長城進行了修築與增建，以抵禦柔然和突厥的進犯。隋朝建立後，亦曾先後七次調發近 200 萬勞力修築長城，將原來北齊、北周修築的長城基本連成一線，在很大程度上抵禦了突厥的侵擾。

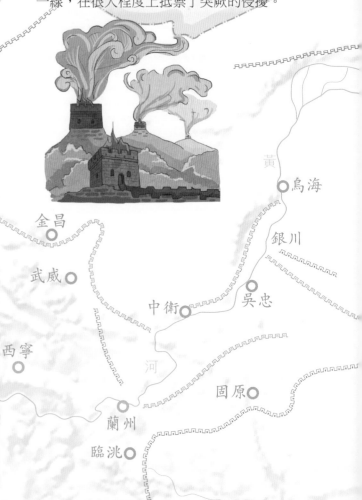

玉門關　○敦煌

玉門○
嘉峪關○

張掖○

武威○

西寧○

金昌○

中衛○

蘭州○

臨洮○

黃

○烏海

銀川

吳忠○

河

固原○

渭

萬里長城

敵台　城牆　烽火台　牆台

秦長城

漢長城

明長城

明長城

明長城亦稱"邊牆"，由城牆、敵樓、關城、墩堡、營城、衛所、烽火台等多種防禦工事組成，東起鴨綠江，西達嘉峪關，全長 6300 多公里，構建成一個完整的防禦體系，是秦長城之後的另一條"萬里長城"。📖▶104

秦長城

秦滅六國後，為了應對匈奴和東胡的進攻，以秦、趙、燕、代等國修築的長城為基礎，重新進行修築或加以連接。新修築的長城西起甘肅臨洮，東至遼東郡碣石，綿延5000 多公里，故被稱作萬里長城。📖▶104

呼倫湖

赤峰

瀋陽

錦州　遼陽

營口

丹東

承德

包頭　呼和浩特　張家口

大同

北京

天津

保定

石家莊

太原

德州

濰坊

濟南

俞林　黃

延安

安陽

洛陽　鄭州

煙台

秦皇島

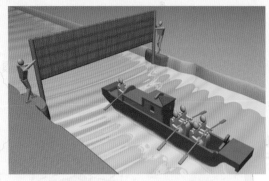

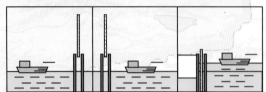

靈渠

公元前 219 年，秦始皇派史祿開鑿靈渠，溝通了湘江與灕江，將長江和珠江這兩大水系聯繫在一起。從此，船隊可以利用靈渠的"陡門"技術，從漢水出發，直達珠江口。前 214 年，五十萬秦軍即利用靈渠，進兵嶺南平定百越，統一了南方。

隋唐大運河

隋煬帝時，大運河全程通航，至此，中國境內江、淮、河、濟四大水系全部溝通，南北東西通達的運河體系得以形成。大運河修成後，中國東部地區得到發展，洛陽和汴梁成為長安之後的政治和經濟中心。📖 105

烏魯木齊 ○

吐魯番 ○
坎兒井
（西漢時期）

塔里木河

青海湖　西寧 ○

鄭國渠

公元前 236 年，秦王嬴政聽從水利專家鄭國的建議，修築了將涇水引入洛水的渠道。這條渠道全長 150 公里，可以灌溉關中平原農田 280 萬畝，令畝產達到 125.5 公斤。從此，關中地區連年豐收，成為秦國的產糧基地。至今，鄭國渠仍在發揮作用。

都江堰
（前 256 年—前 251 年）

都江堰

戰國時期，岷江水患嚴重。秦昭襄王任命李冰擔任蜀郡太守，他吸取前人的治水經驗，主持修建了都江堰水利工程，雨季可以分流，旱季則可蓄水灌溉，兼獲舟楫之利。自此岷江不再為害，成都平原成為天府之國，沃野千里。📖 104

昆明 ○

水利工程

⊗ 古代水利工程

京杭大運河

元朝定都北京後，把原來以洛陽為中心的隋代橫向運河，修築成以大都為中心，南下直達杭州的縱向大運河，漕船可由杭州直達大都。明、清兩代維持元運河的基礎，並不斷加以完善，最終形成了全長1794公里的京杭大運河。📖105

引漳十二渠
（約前403年－前221年）

鄭國渠
（前246年－前236年）

永濟渠
（608年）

通濟渠
（始建於605年）

京杭大運河
（始建於春秋時期）

邗溝
（前486年）

廣通渠
（583年）

芍陂
（前598年－前591年）

江南運河
（始建於三國時期）

靈渠
（前223年－前214年）

哈爾濱

長春

瀋陽

北京
天津

呼和浩特

銀川

太原

石家莊

臨漳

濟南

西安
潼關
洛陽 鄭州

涇陽

壽縣

武漢

合肥 南京

上海

杭州

南昌

長沙

重慶

貴陽

桂林 靈渠 興安

南寧

廣州

香港

海口

海南島

黑龍江

松花江

遼河

黃河

渤海

黃海

日本海

東海

南海

洞庭湖

鄱陽湖

長江

漢江

贛江

湘江

東沙群島

南海諸島

指南針

北宋時發明的水浮式指南魚是世界上第一件用人工磁體製作的指南工具。方法是將薄鐵片剪裁成魚形，加熱燒紅後，將其順南北方向擺在地上，因地磁感應，鐵魚冷卻後即帶有磁性，放在盛水的瓷碗內，魚的首尾分指南北。 📜105

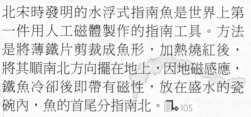
薄鐵片裁成魚形

加熱燒透

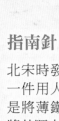

司南

唐代造紙工序

造紙術

東漢時，宦官蔡倫改進了造紙技術，發明"蔡侯紙"。唐朝的造紙術已經十分成熟，造紙成本大大降低。 📜105

浸濕原料　　切碎　　洗滌　　浸灰水　　蒸煮　　舂搗

揭下壓平　　曬乾　　抄紙　　打漿　　洗滌

蔡倫造紙術

神火飛鴉復原圖

鴉腹內填火藥，外綁火箭，可飛行 300 餘米，用來點燃敵方軍帳。

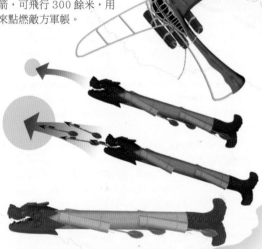

火龍出水復原圖

火龍出水屬於二級火箭，它是世界上同類火箭的最早發明。主要用於艦船作戰。

火藥

火藥發明後，很快就被用於軍事。到了明代，火器發展到較高水平，不但發明了"神火飛鴉"、"火龍出水"等殺傷力較大的火器，還出現了火槍、火炮，作為明朝軍隊精銳之一的"神機營"，就是專門掌握火器的部隊。 📜106

四大發明

順南北方向擺放冷卻

放入盛水的瓷碗內

主要科技成果

泥活字版模型

日本海

貝加爾湖

黑龍江

松花江

哈爾濱

長春

遼河

瀋陽

呼和浩特

北京
（元）（明都城）

簡儀
（元）

天津

渤海

黃海

銀川

太原

石家莊

趙縣
（隋）

趙州橋

濟南

黃河

《千金要方》
（唐）

司南
（戰國）

磁山

運河

銅川

造紙術
（東漢）

鄭州

開封
（北宋都城汴梁）

（都城長安）

西安

洛陽
（東漢都城雒陽）

活字印刷術
（北宋）

印刷術
（隋）

觀星台
（元）

圓周率
《大明曆》
（南北朝）

火藥（唐）

冶鐵術
（戰國）

南陽

渾天儀
地動儀
（東漢）

合肥

南京

上海

《本草綱目》
（明）

蘄春

武漢

杭州

海塘
（東漢）

重慶

洞庭湖

鄱陽湖

龍泉

《傷寒論》
（隋）

長沙

南昌

湘江

贛江

貴陽

桂林

廣州

南寧

香港

印刷術

北宋時，平民畢昇在雕版印刷的基礎上，發明了活字印刷。他以膠泥刻字，用火燒硬。排版時，將泥活字用松脂、蠟等固定在鐵盤內，便可印刷。印刷完畢後，再把活字從鐵盤內拆下，以後印刷其他書籍時，仍可使用。📖106

中華人民共和國

東沙群島

海口

海南島

南海

南海諸島

唐三彩

唐三彩是中國釉陶技術的頂峰之作。"三彩"並非只有三種顏色，而是形容色彩豐富，其主要色調有黃、綠、黑、藍、白、赭等。唐三彩是用於陪葬的冥器，造型多樣，主要有人物、動物、場景等等。

顏色釉瓷器

中國陶瓷以釉裝飾的歷史比以彩裝飾要早。唐代邢窯白瓷、越窯青瓷；宋代的五大名窯：汝、定、官、哥、鈞，燒造的都是顏色釉陶瓷。明代德化窯白瓷、清代的郎窯紅亦屬於顏色釉瓷器的絕世名品。📖106

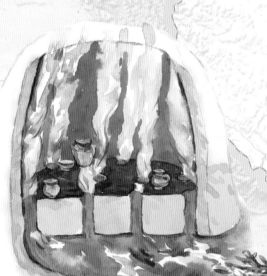

從陶器到原始瓷

陶器誕生於原始社會，以新石器時代出土最多。商代中期，中國已燒造出以瓷土做胎，表面施透明石灰釉，入窯經 1200℃以上溫度燒成的窯器。它已基本具備瓷器的特徵，但與真正意義上的瓷器相比，燒成溫度、機械強度、胎體吸水率等仍有一定的原始性，因此被稱作"原始瓷"。

彩繪瓷器

青花、青花釉裏紅、五彩、鬥彩、琺瑯彩、粉彩、洋彩都屬於彩繪瓷器。中國最早的彩繪瓷器燒造於三國（吳）末西晉初，唐、宋時期已發展出青花、白地黑花等品類，但最成熟、名氣最大的，還是元、明、清三代的青花瓷。📖106

陶瓷藝術

● 古代瓷窯址

黑龍江

松花江

○ 哈爾濱

○ 長春

遼河

○ 瀋陽

日本海

呼和浩特 ○

北京 ◎

天津 ○

定窯
（唐至元）

曲陽

黃河

銀川 ○

太原 ○

石家莊 ○

京

邢窯
（唐至五代）

邢台

濟南 ○

渤海

磁州窯
（宋至清）

磁縣

銅川 ○

耀州窯
（宋至元）

三彩窯
（唐）

鄭州

開封

官窯（宋）

西安 ○

鞏義

禹州

汝州

鈞窯
（宋至元）

汝窯
（宋）

漢江

合肥 ○

南京 ○

上海 ○

越窯（東漢至宋）

黃海

大運河

重慶 ○

武漢 ○

湖田窯
（唐至明）

杭州 ○

哥窯（宋）

寧波

洞庭湖

樞府窯
（元）

景德鎮

鄱陽湖

南昌 ○

龍泉

長沙 ○

湘江

贛江

龍泉窯
（三國至清）

貴陽 ○

福州 ○

德化窯
（宋至清）

德化

桂林 ○

廣州 ○

南寧 ○

香港

東沙群島

海口

海南島

南海

五彩魚藻紋蓋罐

明代景德鎮官窯燒造的代表性瓷器

陶瓷之都景德鎮

景德鎮在東漢時稱昌南，已開始燒製瓷器。北宋真宗景德年間，因其青白瓷質地優良，遂得以以年號為地名。元代，景德鎮燒製出青花釉裏紅瓷器，名聲大盛。明清時期，在景德鎮設立御窯場，專門燒造宮廷用瓷，被稱為"官窯"，進一步奠定了"瓷都"的地位。

圖文鏈接

人類的起源 02-03

夏娃來自非洲

人類一直在不斷探求自己的起源，並曾提出各種假說。隨着基因技術的發展，通過基因測序，許多科學家認為現代人類起源於非洲，由此提出"非洲夏娃"理論，這也就是所謂的"非洲一元說"，但這一說法尚存爭議。還有許多科學家認為，人類起源是多元的，世界各地的人類有着各自不同的祖先。比如中國，就有生活在七八百萬年前的雲南祿豐古猿，有力挑戰了非洲一元說。

氏族公社

舊石器時代晚期，人口逐漸增多，人類開始懂得近親繁衍的危害，由原先的血緣家族內部婚姻，轉變為不同家族之間通婚，互相通婚的家族結合在一起，就形成了氏族公社。在氏族內部，除個人常用的工具外，所有的財產歸集體公有。最初的氏族公社，因女性的工作處於主導地位，世系按母系計算，所以叫做母系氏族。隨着農業和畜牧業在生產中的地位的提升，男性逐漸取代女性的主導地位，氏族首領改由男子擔任，就形成了父系氏族公社。

中華文明的誕生 04-05

滿天星斗

以前，人們一直認為，中華大地的文明起源於一個中心（黃河流域），並傳承有序。隨着考古學的發展，科學家發現中華文明的起源是多元的。在中國境內，從雲貴高原到長江、黃河流域，從華北平原到東北、內蒙，乃至西藏、新疆，猶如滿天星斗一樣遍佈着古人類活動的遺跡。中華文明不是單一的，而是這些史前文明不斷融合的結晶。

文明之火

火的應用，在人類文明發展史上有着極其重要的意義。中華文明也如是，從距今一百七十萬年前的元謀人到五十萬年前的北京人，都留下了用火的痕跡。最初的火種，來自自然界，後來人類逐漸學會了以摩擦、鑽木、壓擊等方式人工取火。有了火，人類告別了茹毛飲血的時代，改吃烤熟的食物，可以禦寒避獸，可以用火開荒耕作，並能完成冶煉金屬、製作陶器等工藝。

炎帝與黃帝

中國人自稱是"炎黃子孫"，傳說二人是上古時期的聖人、君主，有着很多美德。但歷史上真實的炎帝和黃帝，並不是兩個人，而是新石器時代活躍在中原地區的兩大部落聯盟。當時，人類社會已處於父系氏族公社時期，學會了築造城堡，產生了私有財產，出現了貧富分化和身份等級的差異。相較普通氏族成員而言，部落聯盟的首領享有特權，居住在寬大舒適的宮殿內，原始平等社會已經開始崩潰了。

禪讓制

古史傳說"三皇五帝"統治的時代，是一個充滿了仁愛、平等、繁榮的"大同世界"。事實上，當時處於原始社會末期，國家尚未建立。在部落聯盟內部，類似堯、舜這種部落首領，受到原始民主觀念和制度的制約，不能世襲，而是採用"禪讓制"，由氏族首領們集體推舉產生，並主動讓位給能力更強的人。比如，堯就在年老時將首領位置禪讓給舜，舜老後，又禪讓給禹。並且都得到了氏族首領"四嶽十二牧"的首肯。

夏與商 06-07

夏啟稱王

📖 禹因治水的功績，威望很高，禹死後，他的兒子啟便趁勢而起，廢除禪讓制，擊敗反抗他的后羿、伯益、有扈等部落，大會諸侯於陽翟，就任部落聯盟首領，自稱"夏后氏"，建立了世襲的夏王朝。夏是中國歷史上第一個國家，它的建立，開創了"家天下"的新時代。夏王朝統治的核心地區，在今河南中部和山西西南部，後世在河南洛陽偃師二里頭夏文化遺址，曾發現大型宮殿遺址和多種精美器物，表明這裏曾是夏朝的都城。

殷墟的主人

📖 商原是臣服於夏的諸侯國，首領湯在位的時候，實力漸強，最終滅夏，建立了商朝。商朝前期和中期，面對自然災害以及王室內部的紛爭，政局不穩，曾屢次遷都，直到商王盤庚遷都至殷（河南安陽小屯），才最終安定下來，商由此也被稱為殷或殷商。殷的遺址被稱為"殷墟"，出土了大量精美的商代文物，其中最具代表性的是商王武丁的配偶婦好（后母辛）墓裏出土的器物。這些器物證實，婦好不但是武丁的王后、商王祖庚的生母，還是一位傑出的政治家和女性將領，她曾代武丁主持祭祀活動，並屢次率軍出征，其中一次多達13000人。

甲骨文

📖 商周時契刻於龜甲和獸骨上的文字，叫做甲骨文，又稱"契文"、"甲骨卜辭"。商王崇拜鬼神，凡遇祭祀、征伐、田獵等大事，就要進行占卜，

詢問鬼神的意見。甲骨文多為記錄占卜內容的文字。從1899年發現至今，共出土甲骨約15萬片，共計5000餘個單字，其中已經識別的約有2000字。除了甲骨文，商代也開始在青銅器上鑄造銘文，稱為金文。這些文字，對了解商代的歷史有着極其重要的意義。

人殉與人祭

📖 商朝盛行用人為逝者陪葬，稱為人殉；用人祭祀祖先和鬼神，稱為人祭，被用來祭祀祖先的人，稱為"人牲"。被用來殉葬的人，除了奴隸之外，還有近臣、嬖妾、侍衛。而"人牲"則多用奴隸、戰俘。這其中，商王舉行的人祭規模很大，最大的一次，為了祭祀宗廟和王陵，殺伐奴隸、戰俘達四五百人。到目前為止，殷墟所發現的人牲總數在萬人以上，足見其盛行程度。

西周 08-09

牧野之戰

📖 周族是一個古老的民族，姬姓，擅長農業，它的始祖棄曾擔任堯舜時期的農業官"后稷"。夏、商相繼建立王朝的同時，周人也在岐山、周原（甘肅、陝西一帶）不斷發展壯大。公元前1046年，準備充分的周人聯絡眾多方國和部落，在周武王的率領下揮師東進，大舉伐商。商紂王倉促應戰，雙方在牧野展開決戰，結果商軍臨陣倒戈，紂王敗退到朝歌，在鹿台自焚，商朝滅亡。

分封

📖 周滅商之後，為了鞏固政權，由周天子直接控制王畿（都城周圍），將姬姓宗親、姻親，功臣等分封到各地建立諸侯國，拱衛王室。分封時不但授予土地，還把民眾整族授予諸侯，跟隨

諸侯去接管新佔土地和當地原住民。當時分封的諸侯國有數十個，爵位有公、侯、伯、子、男五等。這些諸侯，要對周天子履行朝覲、勤王、納貢等義務。在封國內，他們可以逐級分封自己的宗室子弟為卿、大夫、士，形成嚴格的統治秩序和社會等級。

宗法

宗法制是西周貴族的血緣繼承法，與分封制互為作用，其核心內容是嫡長子（正室妻子所生長子）繼承制，即在同姓宗族內部，嫡長子是大宗，有權繼承祖業，其餘諸子是小宗。例如：周王是天下共主，他的嫡長子世代繼承王位，其他子嗣被分封為諸侯。周王始終是同姓諸侯的大宗，諸侯則為小宗；而在各自封國內部，諸侯是大宗，卿、大夫、士則為小宗……小宗必須服從於大宗。由此區別嫡庶、分清長幼，確定尊卑和繼承關係。

井田

井田制是商周時期的一種土地制度，即把耕地劃分為一定面積的方田，周圍有經界，中間有水溝，阡陌縱橫，像一個"井"字。一百畝為一個方塊，稱為"一田"。一"井"為九個方塊，周圍的八塊田由八戶耕種，謂之私田，私田收成全部歸耕戶所有；中間是公田，由八戶共耕，收入全歸封邑貴族所有。但這一土地制度，僅見於史料記載，是否真正實施過，一直存在很大爭議。

周王的常備軍

西周王朝擁有兩支直屬於周天子的常備軍，分別是駐守在鎬京的宗周六師和駐守在洛邑的成周八師，每師兵力三千人，總兵力約四萬人。這是中國歷史上第一支正式的常備軍，他們平時守衛都城，戰時外出征討四方。作戰之時，王室軍隊作為中軍主力，諸侯也要派兵參加，

擔當左右軍，協同作戰。西周時期的諸侯雖有軍隊，但兵力有嚴格限制，大國不得超過三師，小國僅有一師，且不能隨意出兵，無法對王室構成威脅。

國人暴動

在周代，住在城內者稱"國人"，住在城外的人稱"野人"或者"鄙人"。"國人"多是由周部落的氏族成員轉化過來的平民，還包括部分貴族和士，有參與國事的權利，也有服役的義務。西周王朝後期，王室內耗不斷，國力漸衰。周厲王統治時，在經濟和政治上採取了許多嚴厲措施，期望加強自己的權威，結果反而激化了矛盾。公元前841年，鎬京的國人發動暴動，周厲王倉皇出逃。國人和諸侯奉共伯和執政，稱為共和元年，十四年後，厲王病逝於逃亡地彘（今山西霍縣），其子即位，是為周宣王。

債台高築的周王

公元前771年，犬戎入侵鎬京，周幽王被殺。周平王靠鄭、晉等諸侯的扶持即位，並於次年離開殘破的鎬京，遷都洛邑，是為東周，也是春秋時期開始。自此，周天子的地位一落千丈，不但王畿狹小，時常入不敷出，諸侯也不再聽他的號令，只把他視為可以利用的政治工具。周平王為了換取鄭莊公的信任，被迫和他交換兒子做人質。後來的周王更慘，甚至要靠借貸度日，成語"債台高築"最初就是用來形容欠下巨額債務的周赧王的。

春秋五霸

春秋時期，周王衰微，無力號令天下，一些小國又時常被外族欺凌，需要庇護。有實力的諸侯就打着"尊王攘夷"的旗號，召集各諸侯國

舉行盟會，爭奪對其他諸侯發號施令的權力。為此，大國不但彼此攻伐，還不斷對小國發動掠奪和兼併戰爭。春秋時期300餘年，規模較大的戰爭有483次。這期間，先後產生了齊桓公、晉文公、楚莊王、吳王夫差、越王勾踐這五位可以"挾天子以令諸侯"的霸主，被稱為"春秋五霸"。

車戰時代

📖 春秋時期，是車戰最為輝煌的時期。車戰的基本作戰單位是乘，以四匹馬拉的一輛戰車為一乘，每乘配備七十五人。車上有甲士三人，中間為馭手，站在車右的為參乘，車左的為乘長。車下有步卒七十二人，在戰車周圍組成三個方陣，構成一個基本戰鬥隊形。春秋後期，大國多被稱為"千乘之國"、"萬乘之國"，可以進行大規模作戰。戰國以後，隨着騎兵的興起，車戰逐漸被淘汰。

孔子辦私學

📖 西周時期，"學在官府"，只有貴族才能受教育，學文化。春秋時代，許多哲人、思想家開始創辦私學，把文化、教育普及到民間。這其中成就最顯著，影響最深遠的人是孔子（公元前551—前479年）。孔子名丘，字仲尼，魯國人。他是中國第一個創辦私學的人，創立了被後世奉為經典的儒家學說，主張人不論出身，都有受教育的權利，提出"仁"等主張。孔子的學術觀點，對中國思想史和教育史影響巨大，被譽為"至聖先師"、"萬世師表"。

華夏與四夷

📖 春秋時期，位於中原的各國稱"諸夏"、"華夏"、"中國"，居住在"諸夏"周邊的諸多少數民族，被泛稱為西戎、東夷、南蠻、北狄，或統稱"四夷"。隨着中原各國不斷向周邊擴展領土，許多少數民族逐漸被兼併，融入到中原文

化當中，彼此經濟、文化的差異逐漸縮小，最終形成了漢族的前身——華夏族。這在中國民族發展史上，是一件具有劃時代意義的大事。

東周（戰國）12-13

三家分晉

📖 春秋後期，一些諸侯國內部的權力鬥爭日趨激烈，國君被架空，大權旁落到卿、大夫手中。比如春秋時期的大國晉國，政權實際被韓氏、趙氏、魏氏等家族控制。前457年，韓、趙、魏三分晉國，成為三個獨立的國家。前403年，周王正式承認魏、趙、韓三家為諸侯。此後，田氏也在齊國發動政變，廢掉了姜姓的國君而自立。這些篡逆行為被周王認可，是前所未有的變局，被認定為戰國時代的開始。

戰國七雄

📖 經過春秋時期的兼併戰，到了戰國時期，強大的諸侯國主要是齊、楚、燕、趙、韓、魏、秦，稱為"七雄"。此時，周天子冊封的公、侯、伯、子、男等爵位，已不能滿足他們的野心。春秋時期，楚國國君嫌"子爵"太低，就已率先稱王。戰國時期，各國陸續跟進，紛紛稱王。周天子名義上的共主地位，也不復存在了。

騎兵登場

📖 戰國時期，變法成為主旋律，加強中央集權、富國強兵是變法的主要目標。這其中最著名的有魏國李悝、楚國吳起、秦國商鞅三次變法，尤以商鞅在秦國的變法為最徹底，一掃秦國原來地處偏遠，相對六國經濟、文化較為落後的局面，為後來秦王嬴政的統一奠定基礎。而趙武靈王學習少數民族推行的"胡服騎射"改革，不但改變了不利於作戰的傳統華夏服飾，也使步兵車戰逐漸轉變為騎兵作戰。自此，騎兵逐

漸取代戰車，成為戰場的主要力量。

百家爭鳴

戰國時期，私學的發展推動了學術的擴散。大批的"士"失去了貴族的身份和地位，在各國間遊走，教課授徒，宣傳自己的政治觀點和學術主張，並期望得到國君的重用以施展自己的抱負，從而形成了以孟子、莊子、墨子等為代表的儒、道、陰陽、法、名、墨、縱橫等學術派別，被泛稱為"諸子百家"。而各國之間激烈的競爭，也迫切需要大量人才，紛紛採取寬容言論和思想的姿態，招賢納士。於是就形成了觀點爭鳴、學術自由的社會氛圍。

荊軻刺秦王

秦王嬴政執政時期，秦國自商鞅變法以來幾代君王的積累使得國家實力遠遠超過東方六國，嬴政作為一代雄主，將秦國的制度優勢發揚開來，任用李斯、蒙恬、尉繚、王翦等人才，歷時十年，依次滅掉六國，完成了統一大業，在中國建立起第一個中央集權的大帝國。面對強秦，六國曾聯合出兵伐秦，結果被秦逐個擊破。無奈之下，燕國甚至派出了刺客荊軻去刺殺秦王政，也未成功。統一的歷史趨勢已不可阻擋。

鐵器時代

戰國時期，中國發明了鼓風爐和高溫液體冶鐵技術，這一劃時代的技術革命，使得鐵器產量劇增，廣泛用於農業、手工業和兵器製造業，從此中國進入鐵器時代。鐵農具的廣泛使用，以及牛耕技術的普及，更是帶來了農業的飛躍。當時收成最好的年份，一畝良田已可生產糧食 360 斤左右。在手工業領域，已掌握了煉鋼技術，可以生產性能優越的兵器，為今後兩千年的冷兵器時代奠定了基礎。

皇帝誕生

秦統一六國，建立了中國歷史上第一個大一統的帝國後，秦王政認為，自己的功績亙古未有，已越遠古時期的"三皇五帝"，因此取"皇"、"帝"二字，作為自己尊號。自己稱始皇帝，後世即位者依次稱二世、三世，直至無窮。由此，秦王政成為"秦始皇帝"，簡稱"秦始皇"。他規定皇帝自稱為"朕"，皇帝的命稱為"制"，令稱為"詔"，印稱為"璽"。這些詞遂成為君王專用名詞。"皇帝"也成為之後中國歷朝歷代最高統治者的尊號。

中央集權

為了有效治理龐大的帝國，秦朝採取了前所未有的制度革新。皇帝是國家最高統治者，掌握生殺予奪的最高權力，皇權專制是中央集權制度的核心。在中央，設丞相、太尉、御史大夫為三公，丞相掌管政事，太尉掌管軍事，御史大夫是丞相的副手。之下設立郎中令、衛尉、廷尉等九卿，分別掌管具體政務。在地方實行郡縣制度，把全國分成三十六郡，後陸續增至四十餘郡，郡下設縣。郡設守、尉、監，縣按大小設令或長。在基層鄉里，也設置相應官吏。全國各級官吏均由中央任免。至此，秦朝從中央到地方建立起一整套組織十分嚴密的官僚機構，這一制度基本為後世王朝所沿用。

大一統

戰國時期，諸侯國各自為政，各國的文字、貨幣、計量單位（長度、容積、質量等）都不一樣。秦王朝在統一天下的過程中，為了加強對各地的控制，以秦制為基礎，對此進行了全面的規範化。比如：文字一律採用小篆字體，貨幣一律改用秦"半兩錢"，車軌則統一為六尺，馳道均寬五十步，可並馳二車。統一是一項複雜的系統工程，涉及到很多方面，尤其是文字的統一，使得文化承載有了一致的書寫方式，影響深遠，意義重大。

尚武與守法

🔖 秦國能夠在戰國諸強中崛起，一統天下，得益於其強大的軍事體系和以軍功賜爵的制度，極大激發了秦人尚武精神。當時秦國法令規定，秦人都要服兵役，且不論軍官還是士卒，只要在戰場上殺敵立功，根據斬首的數量，就可獲得一定的爵位和田宅，但秦軍士卒如果逃亡，就要受到"車裂"等刑罰的嚴懲。而且，自商鞅變法以來，秦國律令嚴明，提倡"以法為教"。在政府中專門設置負責執法的"法官"一職，使民眾敬畏法律，唯法令是從，這一做法也是秦依據法家思想設立制度的體現。

焚書坑儒

🔖 秦滅六國之後，一些儒生否定郡縣制，引經據典地向秦始皇建言，應該採取殷周之制分封子弟功臣。丞相李斯認為這些儒生厚古薄今，妄議時政，會影響朝廷的威信，在民間造成思想混亂。建議除秦國官方收藏的圖書和民間醫學、卜筮、種樹等技術之書外，列國史記和民間所藏《詩》、《書》、百家語等書都應焚毀。這個建議得到秦始皇認可，被稱為"焚書"。次年，一些替秦始皇尋覓長生不死藥的方士、術士散佈流言，指責秦始皇剛愎自用。秦始皇大怒，下令把涉及此案的方士、儒生抓起來，其中四百六十多人被活埋，其餘的流放邊疆，史稱"坑儒"。

苛政引發暴動

🔖 統一之後，秦始皇為徹底征服原來六國百姓，大力推行嚴刑峻法。而修長城、修阿房宮、修驪山陵，北擊匈奴，南拓南嶺等舉措，都極大加重了百姓的負擔，社會危機四伏。秦

始皇死後，他的兒子胡亥繼位，稱秦二世。秦二世元年（公元前 209 年），一支被徵發去漁陽（今北京附近）戍邊的隊伍行至大澤鄉（今安徽宿州附近）時，因為大雨受阻，延誤了行程，按秦律，這是要處斬的。與其一死，不如一搏，於是，這批戍卒在陳勝和吳廣率領下發動起義，陳勝稱王，建國號張楚。雖然起義軍最終被秦軍擊敗，陳勝被殺，但反秦的後起者如劉邦、項羽等人，卻紛紛崛起，最終推翻了秦朝。

西漢（前期）16-17

楚漢相爭

🔖 秦朝滅亡後，反秦的主力漢王劉邦與西楚霸王項羽為爭奪天下，又進行了四年的戰爭，被稱為"楚漢戰爭"。最初，項羽自封"西楚霸王"，號令各路諸侯，實力佔絕對優勢，但他勇武少謀，不但屢次錯失除掉劉邦的良機，反而給了他崛起的機會。最終，劉邦延攬了張良、蕭何、韓信、陳平等人才，擊敗項羽，將項羽圍困在垓下，項羽單人獨騎突圍至烏江後，拔劍自刎，楚漢戰爭以劉邦的勝利而結束。一個新的王朝——漢朝，也隨即建立。四面楚歌、霸王別姬、捲土重來等成語和典故，都出自這段歷史。

七國之亂

🔖 漢朝初年，劉邦認為秦朝驟亡一個重要因素是廢除了分封制，於是他一面剷除異姓諸侯王，一面大量分封同姓的子弟為王。這些同姓諸侯王權力很大，擁有自己的官僚體系和軍隊，有的還可以鑄錢。到劉邦的孫子漢景帝即位後，便採納大臣晁錯的意見，試圖削弱他們的權利，結果激化了諸侯和中央的矛盾。景帝三年（前 154 年），以吳王劉濞為首的七個諸侯王以"清君側"為名發動叛亂。景帝先是誅殺晁錯，

然後以周亞夫為大將，一舉擊潰叛軍，吳王劉濞逃走後被殺，七國之亂僅持續三個月便被平息。此後，景帝、武帝不斷削弱諸侯王的各項特權，使得他們失去了與中央抗衡的能力。

獨尊儒術

黃老之術是戰國時期興起的哲學、政治思想流派，以尊傳說中的黃帝和老子為創始人而得名。它主張君主應"無為而治"，要求施政輕徭薄賦，與民休息。西漢初年，經過秦代沉重的賦役和秦末戰亂的打擊，經濟凋敝，統治者以此作為施政主張，鼓勵生產，減輕百姓負擔，到文帝和景帝時，出現了"文景之治"的景象。漢武帝即位後，國力上升，武帝也想有一番作為，於是在儒生董仲舒的建議下，大力扶持改良之後，提倡大一統、君臣倫理等觀念的儒學，被稱為"罷黜百家，獨尊儒術"。自此，儒學走上正統學說的地位，被奉為學術思想的圭臬，成為與帝制相始終的意識形態。

司馬遷著《史記》

司馬遷是中國古代偉大的史學家、文學家。漢武帝時，曾擔任太史令、中書令等職，因為替李陵投降匈奴的行為辯解，觸怒了武帝，被下獄判處宮刑。這樣的人生遭遇，使得司馬遷立志要"究天人之際，通古今之變，成一家之言"，並最終完成《史記》一書。《史記》是中國第一部紀傳體通史，記事始於傳說的黃帝，止於漢武帝太初年間，凡三千餘年，全書共一百三十篇，分十二本紀、十表、八書、三十世家、七十列傳。這種體例和結構，成為其後中國歷朝歷代史書的編纂範本。《史記》與宋代司馬光編撰的《資治通鑒》並稱"史學雙璧"。

以農為本

農業是漢朝社會經濟的基礎，以農為本，重農抑商被定為國策。在政府的鼓勵和扶持下，牛耕技術和鐵製農具在全國推廣，領先於世界的鐵犁鏵也被廣泛應用，出現了二牛三人、二牛一人等耕作方式，勞動生產率大幅提高。此時，人們還掌握了"代田法"，通過輪耕，使土地得以保持肥力，收成可以翻倍。而耬車這種以畜力運作的播種機械的使用，一次可以同時播種三行，一天可以播種一頃土地，卻節省一半以上的人力，極大提高了勞動效率。

西漢（後期）18-19

匈奴的威脅

匈奴是中國北方的古老民族，主要活動在蒙古高原一帶，戰國時期，時常對秦、趙、燕三國的邊境進行劫掠，三國構築長城以抵禦匈奴入侵。漢朝與匈奴之間，既有和親，也有戰爭。和親主要是以皇室親貴之女嫁給匈奴首領，這其中最著名的一次，是漢元帝時的"昭君出塞"。和親的同時，漢在邊關與匈奴互市，開展邊境貿易。漢匈之間的戰爭也很頻繁，漢武帝時期，衛青、霍去病等名將先後五次征討匈奴，最終使得匈奴失去了與漢朝抗衡的能力。此後，匈奴分裂，一部分匈奴人降服於漢，另一部分則在公元5世紀時西遷，引發了歐洲歷史上的一次民族大遷徙。西方歷史上被稱為"上帝之鞭"的阿提拉，便是西遷匈奴的首領。

霍光擅權

霍光是名將霍去病的同父異母弟，是昭帝皇后的外祖父，宣帝皇后之父。漢武帝死後，霍光擔任大司馬、大將軍等要職，與上官桀、金日磾等人受命輔佐武帝幼子，年僅 8 歲的昭帝。後來，霍光擊敗上官桀、金日磾等人，獨攬大權。昭帝 22 歲過世，沒有子嗣。霍光先是迎立武帝的孫子，昌邑王（海昏侯）劉賀為帝，但因劉賀不受其約束，在位 27 天即被霍光廢掉，再立武帝曾孫劉詢為宣帝。宣帝出行時，霍光伴駕而行，有此權臣在側，令宣帝覺得如同"芒刺在背"一樣不安。霍光死後兩年，霍家便因謀反而被滅族。此後，宣帝再也沒有那種不安的感覺了。霍光的專權，開啟了漢代外戚專權的序幕。

王莽篡漢

王莽出身於西漢末年權勢顯赫的王氏外戚，家族先後有九人封侯，五人出任大司馬。王莽在獲得政權之前，以儒家的道德約束自己，聲譽很好，加上他外戚的背景，很快就為漢成帝信任。等到漢成帝、漢哀帝相繼駕崩之後，王莽開始總攬朝政，他先是迎立 9 歲的漢平帝即位，自己攝政，自封"安漢公"。平帝死後，又立 2 歲的孺子嬰為帝，自稱"攝皇帝"。兩年之後，王莽便廢黜了孺子嬰，自稱皇帝，建國號"新"。面對西漢後期嚴峻的社會問題，王莽試圖仿照《周禮》的制度推行新政，但這種泥古不化的改革不但沒有帶來預期的效果，反使各種矛盾進一步激化，最終導致綠林、赤眉等農民起義爆發，新朝滅亡。

腳踏紡織機

紡織業在中國歷史悠久，商周以來，一直採用手搖紡車和立式織布機，設備簡單，紡織品種類一直沒有很大突破。漢朝發明腳踏紡織機，是紡織業劃時代的進步。這種紡織機屬於斜織機座，織工坐於織機上，整個機面的操作狀態一目了然。能夠減少布面的斷頭，使織物更加平整均勻。更重要的是，這種織機的機輪牽引力提高，而且用腳踏織板，把織工的右手解放出來，可以雙手配合紡紗並線。此外，刺繡、印染等技術在此時也有了長足的進步，使得漢代成為中國傳統紡織業發展的一個高峰。

東漢 20-21

班超經營西域

"西域"大體指今天新疆一帶。西漢宣帝時已在西域設置都護府，將其納入中央管轄之下。此後因形勢變化，西域都護府一度廢置。東漢中葉，漢、匈開戰，當時西域存在數十個小國家，是漢、匈爭奪的關鍵區域，班超等人作為漢朝使節先到鄯善，鄯善王對漢使起初非常敬重，很快就疏遠，班超探知是因為匈奴使臣也來到鄯善的緣故，於是決定"不入虎穴，焉得虎子"，率領三十六名部從一舉襲殺匈奴使臣，從而確立漢對鄯善的控制。此後，班超經營西域三十餘年，使西域五十多個國家都歸附了東漢王朝，班超也被朝廷任命為西域都護，封定遠侯，彪炳史冊。

十常侍亂政

東漢中後期，因皇帝多年幼，出現了外戚與宦官交替擅權的局面。最著名的外戚是"跋扈將軍"梁冀，他曾掌控沖帝、質帝、桓帝三朝大權，並親手毒殺質帝，迎立桓帝。桓帝成年後，在單超等五個宦官的支持下，除掉了梁冀。事後，桓帝封單超等五人為侯，標誌着宦官勢力開始膨脹。桓帝死，靈帝即位，張讓、趙忠等十餘個宦官（中常侍）掌權，被稱為"十常侍"。靈帝對他們非常依賴，曾稱張讓為父，趙忠為母。他們橫徵暴斂，賣官鬻爵，打擊異己，是

"黃巾起義"爆發的重要誘因之一。這些宦官，雖然最後在內亂中皆被袁紹和曹操所殺，但東漢政權也名存實亡了。

佛教與道教

佛教創立於公元前 6 世紀的印度，公元 67 年，漢明帝派使者蔡愔、秦景出使天竺，訪求佛法。二人偕僧人迦葉摩騰、竺法蘭，以白馬馱着佛經、佛像回到洛陽。明帝詔令在洛陽建立了中國第一座寺院 —— 白馬寺。迦葉摩騰、竺法蘭就在這座寺廟中翻譯佛經，佛教從此傳佈中國。道教是中國的傳統宗教，東漢後期民間流行的"五斗米道"、"太平道"等，可視為道教創立的標誌。其思想主要源於先秦時期以老子、莊子為代表的道家學說，以及巫術、占卜等迷信活動，宣揚得道升仙、長生不死等信仰。隨着佛教傳入和道教創立，儒、釋、道三家之爭也從此萌生。

翻車灌溉

東漢時期，農業生產進一步發展，農田水利灌溉技術出現突破。在長江流域水源較為充足的地區，人們發明了翻車（龍骨車），用來汲水灌溉稻田。此前在中原地區較為普及的水井，也開始逐漸向全國推廣，特別是為西北乾旱地區的灌溉提供了便利，促進了當地農業的發展。在水稻生產方面，人們掌握了"薅秧"技術，即先培育水稻秧苗，再將秧苗移植到稻田裏。依靠這種水稻育秧栽培技術，可以實現水稻一年春秋兩熟，極大提高了產量。

地動儀

中國是地震多發國，漢代四百年間，共發生強烈地震 28 次，其中 22 次在東漢時期。公元 132 年，東漢天文學家張衡發明了世界上第一台探測地震的儀器 —— 地動儀，放置在都城洛陽的靈台。據記載，其靈敏度可以測出人體感知不到的地震。此外，張衡還發明了渾天儀，用來測定天體坐標。它以赤道坐標表示天體位置，後來成為世界通用的基本坐標系統。漢代還掌握了依靠天文觀測制訂曆法的原理，這是中國天文學的重大成就。

三國 22-23

赤壁之戰

曹操滅掉袁紹，統一北方後，於公元 208 年率領大軍南下，輕取荊州，擊敗劉備，意圖渡過長江，平定東吳，完成統一。敵強我弱的局面，令孫權決定與劉備聯合，共同抗曹。曹軍與孫劉聯軍戰於赤壁，雙方隔江對峙。曹軍來自北方，士卒不習水戰，故將戰船首尾相連。孫劉聯軍決定使用火攻，以小船滿載引火之物，借投降之名，接近曹軍戰艦之後趁機放火，當時東南風大作，火借風勢，將曹軍艦船、營壘焚燒一空，孫劉聯軍趁機攻殺，曹操大敗，率殘部退回北方。赤壁戰後，曹、孫、劉三分荊州，劉備後又入蜀，奪取益州，魏、蜀、吳三足鼎立之局面由此奠定。

屯田

東漢末年黃巾暴動以來，軍閥混戰，導致人口流失、土地荒蕪，經濟凋敝，以致連軍需保障都成了大問題。曹操開始在北方推行屯田制，國家將荒蕪的土地作為公田拿出來給軍士和自耕農耕種，由此分為軍屯和民屯。民屯的收穫按照比例由官府和農民分成。軍屯則是軍隊自己進行屯田，多發生在邊境地區，且耕且守。在屯田之外，為了保證兵源，曹魏實行"士家制度"，這些人世代為兵，是一種世兵制度。當時的蜀、吳也曾推行屯田等制度，但曹魏實行屯田和士家制度時間比較早，且比較有效，為其統一北方打下了基礎。

九品中正制

東漢末年，由於戰亂造成的社會動盪和豪強士族的崛起，原來的選官制度已經很難為國家選拔人才。公元 220 年，實際掌握政權的魏王曹丕採納陳羣的建議，推行九品中正制。先選擇在京師任職且聲望很高的官吏兼任原籍州郡的"中正官"，然後由其對本州郡士人進行品評，依據家世、道德、才能，將士人分為九品（九個等級），作為中央選官的依據。在實行之初，所評還較為公正。但隨着時間推移，中正官基本被"上品"士人把持，品評變成了只問家世——即被評者的家族背景，而才能和德行被忽視，最終形成"上品無寒門，下品無士族"的局面，這就為魏晉時期的門閥政治奠定了基礎。

蜀漢北伐

劉備建立蜀漢不久，即因與東吳的夷陵之戰慘敗抑鬱而終。臨終，他托孤諸葛亮輔佐後主劉禪。諸葛亮在平定了蜀漢內部矛盾，並與東吳修好之後，便開始致力於北伐曹魏。諸葛亮執政十餘年，前後五次北伐均告失敗。他死後，繼任者費禕、蔣琬、姜維等人，曾試圖繼續北伐，終因雙方實力對比懸殊而以失敗告終。蜀漢的北伐，一方面是要實現"恢復漢室"的構想；另一方面，也是因為蜀漢偏居一隅，實力孱弱，曹魏對其威脅極大，它希望能以攻為守，奪取戰略上的主動地位。北伐的失敗，使得蜀漢日益陷入死守的被動境地，終於在三國之中率先被滅國。

竹林七賢

竹林七賢是指魏晉時期的嵇康、阮籍、山濤、向秀、劉伶、王戎及阮咸七人，他們名聲鼎盛，又經常在山陽縣（今河南輝縣、修武一帶）的竹林之中，放浪形骸，肆意酣暢，因此被稱作竹林七賢。魏晉時期，玄學大盛，很多名士摒棄名教的束縛，逍遙而行，越名教而任自然，被譽為"魏晉風度"。同時，以竹林七賢為代表，魏晉文學繼建安文學之後進入了一個新的時期。從政權更替角度來看，此時司馬氏取代曹魏已成定局，所謂"司馬昭之心，路人皆知"，政治高壓增加了士大夫的苦悶，以竹林七賢為代表的名士行為多是別有寄托的苦悶象徵。

西晉 24-25

王濬樓船下益州

公元 263 年，魏滅蜀，三國鼎立的局面被打破了。265 年，司馬昭之子司馬炎廢掉魏元帝，建立晉朝。此後，滅吳的軍事行動被提上日程。咸寧四年（279 年）十一月，晉武帝司馬炎下詔伐吳，晉軍從數個方向對吳發起進攻，其中王濬率領水師自益州順長江而下，次年三月，直抵吳國都城建業（今南京）。同時，晉軍王渾、司馬伷部也渡過長江，逼近建業。吳主孫皓自縛雙手，出城投降，東吳滅亡，中國再度統一。唐人劉禹錫所寫名句："王濬樓船下益州，金陵王氣黯然收。千尋鐵鎖沉江底，一片降幡出石頭。"指的便是這一典故。

石崇王愷鬥富

石崇出身世家大族，富可敵國，生活極其奢靡。他與晉武帝的舅父王愷鬥富，王愷用飴糖水刷鍋，石崇就把蠟燭當柴燒；王愷用紫絲布做了四十里的步障，石崇就做了五十里的錦綢步障……。晉武帝為了讓王愷壓倒石崇，暗地裏送給他一株高二尺許的珊瑚樹，這在當時是很罕見的珍寶。王愷拿給石崇看，結果石崇拿出鐵如意，將珊瑚樹打得粉碎，然後讓左右取出六七株珊瑚樹，高度達到了三四尺，王愷一見，甘拜下風。西晉依靠世家大族立國，上層社會自皇帝至臣僚奢靡成風，他們認為這是判斷身份和地位高低的標準。石、王之舉只是世風的縮影罷了。

八王之亂

西晉建立後，晉武帝分封了二十七個同姓王，讓他們握有兵權，以期輔佐皇室。晉武帝去世後，晉惠帝的皇后賈南風與輔政外戚楊駿爭權，西晉宗室諸王也積極參與政治鬥爭，主要參與者有汝南王亮、楚王瑋、趙王倫、齊王冏、長沙王乂、成都王穎、河間王顒、東海王越，史稱"八王之亂"。禍亂起於公元291年賈后與楚王司馬瑋殺楊駿，止於公元306年，東海王司馬越毒殺惠帝，另立懷帝。八王的紛爭歷時十六年，不僅使得政局極度動盪，而且八王為獲勝，往往藉助已經居住在中原的胡人的力量，新的大動盪由此開始。

鐵騎兵

自漢武帝時南匈奴內附以來，居住在西北一帶的遊牧民族不斷內遷，魏晉之際達到高潮，不但造成"西北諸郡皆為戎居"的局面，以至於中原腹地的一些州郡，遊牧民族人口也佔據了很高的比例。當時，內遷的遊牧民族主要包括匈奴、羯、鮮卑、氐、羌等，被泛稱為"五胡"。大批擅長騎射的胡人被編入軍隊，組成以騎兵為核心的軍事武裝，直接推動了"鐵騎兵"的大發展。這些人、馬皆全副武裝的鐵騎兵，成為當時戰場上的主力。但由於鐵騎的負荷過重，存在不夠靈活，不能長時間、遠距離奔襲等弱點，至隋唐時期，便逐漸消失。

永嘉之亂

西晉時期，政府沿襲了東漢以來以降服的胡人為兵的政策，這情況於八王之亂時更普遍。胡人盡知西晉國力虛實，只要時機一到，便起兵作亂。公元306年，晉惠帝死，懷帝司馬熾嗣位，改元永嘉。此前已趁亂自稱漢王的匈奴貴族劉淵開始大舉南侵，屢破晉軍。永嘉二年，

劉淵正式稱帝。永嘉五年，其子劉聰遣石勒、王彌、劉曜等率軍攻晉，殲滅十萬晉軍，又殺太尉王衍及諸王公。旋攻入京師洛陽，俘獲懷帝，殺王公士民三萬餘人，史稱"永嘉之亂"。此後，晉朝統治集團被迫南遷渡江，定都建康（今南京），建立東晉。

五胡亂華

魏晉之際內遷的遊牧民族主要包括匈奴、羯、鮮卑、氐、羌等，被泛稱為"五胡"，永嘉之亂後的一段時間，曾被稱為"五胡亂華"時期。從公元304年劉淵建國開始，到公元439年北魏統一北方為止，以這五個遊牧民族為代表，先後建立了大大小小幾十個政權，其中較成規模的，被泛稱為"十六國"，包括了五涼、四燕、三秦、二趙、一成、一夏，這裏面最具代表性的兩個政權，是羯族人石勒建立的後趙和氐族人苻健建立的前秦，他們比較重視經濟恢復，提倡儒學，其統治時期，北方得到了短暫休養生息。

門閥士族

東晉王朝能夠在江南建立並存在，主要依賴於南遷的北方大族和江南土著豪族的支持。在晉元帝司馬睿建立基業的過程中，以王導、王敦為代表的琅琊王氏起到了重要的作用。王導也得以總攬元帝、明帝、成帝三朝國政，王氏子弟佈列顯要，當時有"王與馬，共天下"之說，由此開啟了東晉門閥政治的時代。東晉皇帝多數空有名分，實權被南北的門閥士族分割，琅琊王氏之後，潁川庾氏、譙國桓氏、陳郡謝氏相繼掌權。這些門閥士族政治上享有特權，經濟上富可敵國，他們對衣冠服飾、出行儀仗等有明確要求，並嚴禁與庶族、寒門通婚，以期

維護自己的特殊地位。

淝水之戰

前秦王苻堅統一北方後，於公元 383 年，調動步卒 60 萬，騎兵 27 萬，號稱百萬大軍，南下攻晉，意圖統一中國。前秦貌似強大，但內部矛盾很多，軍心不穩。此時東晉內部相對團結，執政的謝安以精銳"北府兵"八萬人全力投入抗敵。兩軍隔淝水對峙，晉軍請求秦軍後移，以便晉軍過河決戰。苻堅意欲待其半渡而擊，於是揮軍稍退。陣前士卒後撤，令後面的士兵誤以為已經失敗，陣腳一時大亂，東晉降將朱序又在陣後大呼"秦軍敗啦！"造成秦軍自相踐踏，完全崩潰，晉軍趁機猛攻，秦軍大敗。苻堅身中流矢，單騎逃亡。此後，鮮卑、羌族等族趁機作亂，前秦土崩瓦解。

西求佛法

兩晉時期，中國僧人赴西域求佛法成為潮流，法顯是其中代表人物。法顯於公元 399 年自長安出發，西渡流沙，越蔥嶺至天竺，在天竺歷時 14 年，遊歷 30 餘國，學習多部佛教經典，於公元 412 年從海路回到中國。歸國後，法顯將所得佛經一一譯出。他還撰寫《佛國記》一書，描寫行旅見聞，是研究當時西域和印度歷史的重要史料。鳩摩羅什是十六國時期西域著名的僧人和譯經家。公元 401 年，被迎入長安，其譯經事業從此開始。他主持譯經 12 年，翻譯出佛經 35 部、294 卷。這些活動，極大推動了中土佛教的傳播。

北朝 28-29

鮮卑人的時代

北朝共包括了北魏、東魏、西魏、北齊、北周五個朝代，它們都是鮮卑人建立的政權。鮮卑族作為中國北方的遊牧、漁獵民族，原生活在大興安嶺一代，東漢時已開始南下，魏晉時期不斷南遷進入中原地區。公元 398 年，鮮卑族拓跋部首領拓跋珪定都平城（今山西大同），定國號為魏，史稱北魏或後魏，標誌着北朝的開始。公元 439 年，北魏統一了黃河流域，與南方的劉宋形成對峙局面。隨後的東魏、西魏，是北魏分裂的結果，北齊、北周則是東魏、西魏權臣建立的政權。

艱難的漢化

北朝時代，以鮮卑人為代表的少數民族在不斷漢化，北魏孝文帝的改革，是這一漢化過程的代表。孝文帝為了鞏固政權，樹立北魏的正統地位，推行了一系列改革措施，涵蓋了政治、經濟、文化、民俗各個方面，可以說是要讓鮮卑人全面漢化。如：遷都洛陽，改穿漢服，改說漢語，用漢姓，與漢人通婚等等。他自己帶頭將皇族的"拓跋"改姓"元"，並為貴族大臣都規定了漢姓。這些改革雖曾遭到包括他兒子在內的鮮卑貴族的激烈反對，直至北朝結束，都沒有徹底完成，但還是加速了當時北方各少數民族漢化的進程。

佛、道之爭

道教是中國本土宗教，佛教則是外來宗教。自東漢以來，二者一直互相影響，也在不斷爭奪宗教地位。中國歷史上有四次著名的"滅佛"，背後固然與佛道之爭有關，但更是因為當時佛教勢力膨脹迅猛，侵佔了大量人口與土地，已嚴重影響國家的賦役收入。這四次滅佛中，有兩次發生在北朝，一次是北魏太武帝滅佛，另一次是北周武帝滅佛。這兩次滅佛，時隔一百餘年，對佛教打擊很大。特別是後者，責令還俗僧人達三百萬，清退寺院四萬座，將大量人口、土地等財富收歸國家，增強了北周的國力，為日後北周滅北齊，乃至隋代統一全國，奠定了基礎。

北朝民歌

📖 成語"撲朔迷離"出自"雄兔腳撲朔，雌兔眼迷離"這一詩句，可謂耳熟能詳。花木蘭替父從軍的故事，更是流傳至今，婦孺皆知。吟唱這一故事的《木蘭詩》就是北朝民歌的代表。北朝民歌內容淺顯易懂，作者主要是鮮卑、氐、羌和漢族民眾，所以詩中"天子"、"可汗"；"胡騎"、"尚書郎"這樣的漢、胡稱謂都有。傳世的北朝民歌六十多首，對唐代詩歌有較大影響。

南朝 30-31

刀鋒下的禪讓

📖 古史傳說，堯、舜、禹都是通過禪讓而擔任的首領。秦漢之後，"禪讓"逐漸被儒家學說奉為聖賢之舉。南朝共歷宋、齊、梁、陳四個朝代，將這種"美德"充分發揮，從劉裕代晉到陳霸先建立陳朝，政權更迭幾乎沒有流血，開國皇帝都是靠着前朝末代皇帝"禪讓"而登上寶座。只不過，這所謂的"禪讓"，實際卻是被逼無奈的宮廷政變。劉裕、蕭道成、蕭衍、陳霸先無一不是前朝手握兵權的權臣。面對兵鋒和死亡的威脅，皇帝雖不甘心，又怎能不讓出皇位呢？史載，蕭道成派親信王敬則帶着軍兵，推着輦輿逼宮，劉宋順帝被迫登車出宮，哭着感歎："唯願後身世世勿復生天王家！"

失敗的北伐

📖 東晉中葉，權臣桓溫為獲得與王、謝等豪門抗衡的政治資本，先後三次北伐，一度收復洛陽，但最終失敗。東晉末期，出身寒門的劉裕以北府兵為依托，執掌朝政。為了抬高個人聲望，他先後兩次北伐，滅後秦，克長安，聲威大震。但因朝中政局動盪，迫使他倉促回師。雖然實現了自己代晉稱帝的夙願，但其留守北方的諸將內訌，長安得而復失，北伐成果化為烏有。劉宋時期的元嘉北伐更是倉促行事，結果一敗塗地，正如辛棄疾的詞文所言"元嘉草草，封狼居胥，贏得倉皇北顧。"由此可見，當時南方雖然已獲得長足的發展，但綜合實力還是不如北方，難以實現由南自北的統一。

佛門天子與山中宰相

📖 "南朝四百八十寺，多少樓台煙雨中"描寫的是南朝佛教之盛。"佛門天子"指的是梁武帝蕭衍，他崇信佛教，不但主持建造佛寺，將大量財物施捨給寺院，還三次放棄帝位，出家為僧。臣下只得將皇帝贖回，光贖身費一項就支出四億錢。然而，這位佛門天子晚年昏聵、結局悲慘，他接納北朝降將侯景，結果侯景叛亂，將梁武帝困在台城之內，活活餓死。戰亂給南朝的門閥大族和發展了兩百年的江南經濟帶來毀滅性打擊。"山中宰相"指的是著名道士陶弘景，他避居山中修煉，不肯出仕，卻深得梁武帝信任，每當遇到大事，都會派使者前往諮詢，時人稱陶弘景是"山中宰相"。

畫龍點睛

📖 魏晉南北朝時期，是中國繪畫、書法等藝術發展史上一個重要階段。書法有鍾繇、陸機、王羲之、王獻之、蕭子雲、智永等名家，流傳下《平復帖》、《蘭亭序》等千古名作。繪畫則有顧愷之、曹不興、陸探微、戴逵、張僧繇等名家，顧愷之所繪《女史箴圖》、《洛神賦圖》被譽為"妙入毫巔"，南朝蕭梁時畫家張僧繇更有"畫龍點睛"的故事廣為流傳。這一時期書畫藝術的發展，與當時佛教藝術興起，以及門閥士族為主導的士大夫的生活、思想以及審美情趣是分不開的，並對後世書畫藝術的發展產生了深遠的影響。

滅陳統一

北朝末期，北周滅掉北齊，統一北方。不久，北周權臣楊堅（隋文帝）代周稱帝，建立隋朝。此後幾年時間裏，隋完成了對陳的包圍態勢。當時，南朝經過侯景之亂，實力已大不如前，且陳後主昏弱，自恃有長江之險，戒備鬆弛。開皇九年（589 年）的正月初一，隋軍渡江，滅陳戰役打響。正月二十日，陳軍與隋軍大戰於建康城外，陳軍全線潰退，隋軍攻入建康。此時，陳後主驚慌失措，又無處可逃。他不顧大臣的苦勸，帶着兩個寵妃張麗華、孔貴人躲入一口枯井，結果被隋軍生擒活捉，狼狽至極。陳的滅亡，標誌着中國結束了近四個世紀的分裂動盪，恢復統一。

科舉初興

隋朝立國之後，為了結束門閥士族對政權的控制，廢止了察舉徵辟選官的措施和九品中正制，開始推行科舉制度，由政府組織考試，根據才學選用為官。此制度令社會各階層無論出身、門第，均有機會通過考試躋身仕途。及至唐朝，又不斷完善此制度，使得一些下層地主、自耕農家的學子，通過讀書求學，參加科舉考試而晉身仕途，實現所謂的"鯉魚躍龍門"。科舉制度打破了魏晉以來門閥士族對仕途的壟斷，為中下層知識分子提供了有效的參政途徑，國家也得以選拔到真正的人才，自此一直延續了一千餘年，直到晚清時期才被廢除。

三省六部

三省六部是隋唐至宋的中央最高政府機構，主要掌管中央政令的制定、審核與執行。三省指中書省、門下省、尚書省，六部指尚書省下轄的吏部、禮部、戶部、兵部、刑部、工部。尚書省最早見於東漢，中書省和門下省則始設於三國，至隋代才整齊劃一。中書省主要負責為皇帝起草詔敕；門下省主要負責復審詔敕、糾察百官，還可封駁中書省草擬的詔敕；尚書省及其下屬六部，負責貫徹執行詔敕，從而達到彼此分權、相互制約。"三省六部"雖然在不同時期的名稱、職權略有變化，特別唐代中葉以後，權力逐漸被調整、削弱，但基本起到了分割相權，鞏固皇權的作用。

大富之國

隋朝建國後，採取了均田制等一系列措施恢復經濟，並不斷清理隱匿人口。經過二十年的休養生息，到隋煬帝登基時，全國人口達到 890 萬戶，大約 5000 萬人。耕地面積的擴大，人口的增多，使得隋朝呈現出繁榮、富足的大國之象。其倉廩儲積的豐富程度，為歷史僅見。隋朝在全國修建了大量糧倉，以存儲糧食，著名的有含嘉倉、興洛倉、黎陽倉、廣通倉等。這些糧倉所儲稻穀，多則千萬石，少的也有幾百萬石，所存布帛有數千萬匹。1971 年，隋朝含嘉倉的遺址在洛陽被發現，就遺址來看，光糧窖就有 259 個，其中一個糧窖碳化的穀子達到 50 萬斤，隋朝的富足程度可見一斑。

煬帝的悲劇

巨大的財富，強大的國力，助長了隋煬帝的奢侈和野心。在位期間，他大肆揮霍、窮兵黷武。煬帝興修運河，營建東都洛陽，曾三遊揚州，兩巡塞北，一遊河右，三至涿郡。每次出遊都大造離宮，遊揚州時所乘龍舟高四十五尺，闊五十尺，長二百尺，上有四層樓。煬帝還頻繁發動戰爭，親征吐谷渾，三征高麗。在位十餘年間，各種賦役徵發的青壯年勞力不下一千萬人次；數次用兵，傷亡更是以百萬計，造成"天下死於役"的慘象。無度的揮霍，終於激起大規模的農民起義。最終，煬帝被親信殺死於揚州，隋朝也僅僅存在了 37 年，就在動亂中滅亡。

從貞觀到開元

從唐太宗貞觀年間到唐玄宗開元年間的一個多世紀，是唐朝乃至中國歷史上最為鼎盛的時期，史稱"貞觀之治"、"開元盛世"。這一時期，唐朝政治清明、經濟繁榮、國力強盛，正如杜甫詩中描述的"憶昔開元全盛日，小邑猶藏萬家室。稻米流脂粟米白，公私倉廩具豐實。"開放的唐朝，也積極吸納周邊的文明，成為東北亞乃至中亞地區的文明象徵和中心之國，都城長安成為國際大都市，世界各地的商賈雲集於此。商貿的繁榮，進一步推動了經濟的發展和中華文明的傳播。

天下一家

唐朝在文化政策和民族觀念上不再強調"華夷之辨"，而是提倡"天下一家"，大量任用少數民族官員，這在以往是不可想像的。與此同時，唐朝也仰仗強大國力，在與突厥、吐蕃、吐谷渾等少數民族政權的戰爭中取得勝利，最為輝煌的，當是貞觀年間痛擊突厥，活捉其首領頡利可汗，唐太宗也被各部族奉為"天可汗"。戰爭之外，和親也是唐代民族融合的重要手段之一。終唐一代，曾與突厥、吐蕃、吐谷渾、契丹、回紇等周邊民族進行了十餘次和親，其中較為著名且影響深遠的一次，是唐太宗將文成公主嫁給吐蕃贊普（國王）松贊干布，《步輦圖》對此有生動表現。

遣使入唐

唐朝是一個國際性帝國，對外交往的範圍廣，往來密切，並突破了政治，深入到經濟、文化、思想乃至生活習俗方面。數以萬計的外國商旅、僧侶、使節和留學生來到唐土定居。當時，在長安的外國人總數或超過十萬人，揚州、廣州也有大批外國人聚居。唐政府在長安城內設置鴻臚寺、典客署等機構，專門負責管理接待外國賓客和使節，單是政府供應的祿米每年已達13000斛，約佔總存糧的萬分之一。而來唐的外國使節，除了近鄰日本、朝鮮（高麗）外，還有波斯人、阿拉伯人、印度人，甚至包括了東羅馬帝國的使節。

唐詩

唐代，中國詩歌進入了一個全盛時期。唐詩繼承了漢魏民歌、樂府傳統，把中國古由詩歌音節和諧、文字精煉的藝術特色，發展到前所未有的高度，代表了中華詩歌的最高成就，與宋詞、元曲一起成為中國文化的關鍵代表詞。《全唐詩》收錄的唐詩有49403首，詩人共2873人。唐代詩人的代表是李白和杜甫，李白是著名的浪漫主義詩人，被稱為"詩仙"。杜甫是現實主義詩人的代表，被後人稱為"詩聖"。李杜之外，還有王勃、王維、白居易、王昌齡、杜牧、李商隱、李賀等著名詩人。

怛羅斯之戰

唐玄宗開元、天寶年間，大唐國力極盛，西進勢頭正猛，同一時期，中東的阿拉伯帝國（大食）崛起，開始向東擴張。為爭奪對中亞地區的控制權，公元751年，雙方發生了怛羅斯（在今哈薩克境內）之戰。唐軍在安西四鎮節度使高仙芝的率領下，主力約三萬餘人，大食方面主力四約萬人，雙方各有附屬國參戰。戰役膠着之時，唐軍陣營的西域屬國士兵突然叛變，導致唐軍潰敗，只有數千人逃出。此後，阿拉伯帝國完全控制了中亞，而安史之亂的爆發，令唐王朝再也無力西顧。這場戰役的一個後果是唐軍的隨軍工匠被俘，使得造紙術西傳，對世界文明的發展產生了極大影響。

安史之亂

屢次的開疆拓土，使得唐朝的國境極為遼闊，為了加強對邊疆的控制和管理，唐玄宗於邊地設十個兵鎮，由九個節度使和一個經略使管理，賦予他們軍政大權。公元755年，身兼范陽、平盧、河東三鎮節度使的安祿山起兵叛唐，叛軍一路攻陷洛陽、長安，安祿山於洛陽稱帝，唐玄宗被迫逃亡四川，唐肅宗在靈武即位，尊玄宗為太上皇。不久，安祿山被其子安慶緒所殺，安祿山副將史思明又殺安慶緒。唐軍與叛軍、叛軍各派系之間陷入混戰長達七八年，史稱"安史之亂"。這場戰亂，是唐代後期節度使擁兵自重、藩鎮割據的起點，也是宦官擅權的起點，更是唐朝由盛而衰的轉捩點。

晚唐亂局

安史之亂後，唐朝國力迅速衰落，政局日趨混亂。在地方，節度使越設越多，權力越來越大，甚至可以父子相承，形成藩鎮割據的局面。在中央，有歷時40年的"牛李黨爭"，內耗無已；有宦官專權，宦官可以軟禁、廢立皇帝；還有宦官與朝官的爭權，被稱為"南衙北司"之爭。種種內耗和亂政，終於導致黃巢起義的爆發。起義歷時10年才被撲滅，唐王朝也已名存實亡。到了唐朝末年，宰相崔胤勾結節度使朱溫，引兵入長安，將宦官屠殺殆盡。不久，崔胤等人也被朱溫誅殺，南衙與北司同歸於盡，唐朝氣數已盡，旋即被朱溫的後梁所取代，中國再次進入分裂動盪的時代——五代十國。

曲轅犁與筒車

隋唐時期農業發展迅速，農業生產工具有了進一步改進，其中最具代表性的是曲轅犁和筒車。曲轅犁是深耕農具，它將原來的直轅和長轅改為短轅和曲轅，減輕犁架的重量，更便於操作，特別適合江南水田的操作，大大提高了畜力的效率，宋元以後，曲轅犁在中國被廣泛

應用。筒車是汲水灌溉工具，可將水從低處引至高處。高轉筒車則將翻車與筒車結合，適用於落差較大的水邊。通過水力驅動，可以晝夜不息。曲轅犁和筒車的發明，對於江河兩岸農田，特別是水稻田的灌溉，發揮了重要作用，極大促進了江南農業的發展。

五代十國 38-39

兒皇帝

石敬瑭原本是後唐的河東節度使，他起兵叛唐，結果被後唐擊敗，困守太原。石敬瑭向北方的契丹求援，契丹對此求之不得，遂派兵南下，不但解了太原之圍，還幫助石敬瑭擊敗後唐稱帝，建立後晉。為了報答契丹，石敬瑭認比自己小十多歲的契丹國主耶律德光為父，自稱"兒皇帝"，每年進奉帛三十萬匹，並將燕、雲等北方十六州獻給契丹。這十六州山勢綿延、關隘眾多，背後便是沃野千里的大平原，是中原與北方遊牧部族之間的屏障。割讓之舉，令日後的北宋面對北方崛起的遼、金兩朝，失去重要屏障，無險可守，一直處於極度被動的境地。

黃袍加身

"五代"之一的後周，在世宗柴榮在位時銳意進取，意圖統一天下，為此他不斷用兵，趙匡胤等名將也得以嶄露頭角。柴榮死後，年僅七歲的兒子即位，趙匡胤實際掌握了軍權。顯德七年（960年）大年初一，前方突然傳來契丹入侵的消息，趙匡胤奉旨領兵出征。部隊走到距離都城汴梁不遠的陳橋驛時，趙光義、趙普等親信指揮士卒嘩變，將一件黃色袍服披在趙匡胤身上，並跪拜行禮，擁戴他做了皇帝。趙匡胤隨即班師回朝，石守信等親信開城迎接，兵不血刃，就迫使後周恭帝退位。趙匡胤登基稱帝，

建立宋朝，標誌着五代十國時期的結束。

圩田

在沿江、瀕海或濱湖地區，由於地勢低窪，地面低於水位，需要築堤圍墾成農田，故稱"圩田"。圩田起源較早，但圩田的建造、維修都需要花費大量費用，一般農戶承擔不起，多由政府或者是有實力的大地主來完成。五代十國時期，割據江南的南唐、吳越等國因河流密佈，遂在各自境內大修圩田，每圩方圓幾十里，如同大城。其中，地勢較低、排水不良、土質黏重的低沙圩田，大都栽水稻；地勢較高、排水良好、土質疏鬆、不宜保持水層的高沙圩田，常種棉花、玉米等旱地作物。圩田的開墾，極大促進了江南農業的發展。

北宋 40-41

杯酒釋兵權

宋太祖趙匡胤稱帝後，決心解決晚唐五代以來軍人跋扈專權的局面。一天，他在宮內與親信大將石守信、高懷德等人宴飲。席間，趙匡胤說到："沒有諸位，我就做不了皇帝。但如今又擔心，如果他日別人將黃袍披在諸位身上，你們怎麼辦呢？"眾人大驚失色，表示絕無此心。趙匡胤接着說："人生在世，不過白駒過隙，應該多積金錢，多多享樂，惠及子孫。你們不如放手兵權，多買良田美人，頤養天年。君臣之間沒有猜忌，這樣可好？"眾將心領神會，紛紛要求解除兵權。趙匡胤便順水推舟，將兵權收歸中央，平穩地解決了晚唐以來一大痼疾。

夜市興起

宋代以前的城市中，人們居住的地方叫"坊"，貿易、娛樂的地方叫"市"，稱為坊市制度。"坊"有圍牆環繞，有門，除了元宵等重大節日外，每晚都要關閉，稱為"夜禁制度"。宋代經濟發達，商業十分繁榮，城市也因此而繁華起來，北宋都城開封的常住人口已達一百萬。商業的繁榮，人口的增加，首先打破了坊市制度，隨處可見店舖和商肆。到了北宋中葉，持續了上千年的夜禁制度終於被打破。都城開封市內，首先出現了夜市。當時的夜市一直經營到凌晨，往往是三更才散市，五更就又開業。到了南宋，都城臨安的夜市更是徹夜經營，通宵達旦。

天子門生

宋朝大力完善科舉制度。經過鄉試、會試而考取的考生，還要由皇帝親自主持復試，因復試在皇宮舉行，故稱"殿試"。考畢，由皇帝欽定名次，分為"三甲"，用黃紙書寫，故叫黃甲，也稱金榜，中進士稱"金榜題名"。其中"一甲"只有三人，就是狀元、榜眼、探花。這些由皇帝主考的考生，成為無比榮耀的"天子門生"，獲得了做官的資格，成為宋代官場主流。而且，宋代為防止軍人干政，格外重視文人，壓制武人。就連高級的軍事主官，也往往由文官擔任，由此造成整個社會繁華而文弱，宋代也因此被稱為"文人的黃金時代"。

以歲幣換和平

燕雲十六州被契丹佔據後，中原地區失去天然屏障，已無險可守，北方遼、西夏、金的鐵騎對北宋構成嚴重的威脅。而重文抑武的國策，又令宋軍冗雜而疲弱，不堪一戰。為此，宋朝除了消極防禦之外，又實行"歲幣"政策，即"花錢買和平"。宋與遼、金、西夏等國達成數次和約，每年按和約規定之數，向這些國家進獻金銀、絹帛和茶葉等財物，甚至屈辱地稱臣、稱姪，藉此換取和平。這一策略，不但沒有徹底解決外患問題，反而加重朝廷財政負擔，並養成了苟安的心態。收取歲幣的遼、金等國則藉此發展，遼的中京大定府（內蒙寧城）就是利用歲幣建造起來的。

王安石變法

龐大的官僚隊伍、臃腫的軍隊和無休止的歲幣，令北宋社會危機四伏，政府財政入不敷出。宋神宗力排眾議，啟用王安石主持朝政，厲行變法改革。王安石的變法涉及農業、商業、賦役等諸多方面，力度很大，使得國家財政狀況有所改善，軍事力量得到加強，還促進了農田水利的發展。但是，變法侵犯了官僚、商人的利益，且存在擾民、困民的情況，而一些大臣諫言變法中的得失，卻遭貶謫，由此引發了黨爭。在全面的反對聲中，宋神宗被迫放棄了變法。神宗去世後，司馬光為相，新法盡廢，但變法過程中產生的黨爭，卻一直延續到北宋滅亡。

靖康之恥

女真崛起建立金朝後，宋朝便與金聯合，夾擊遼國。1122年，宋軍北伐，結果被遼大敗，只得請金出兵，然後花錢從金人那裏贖回幽州等地。金人由此看清北宋實力，決心一舉滅宋。靖康元年（1126）正月，金人大舉攻宋，金兵直抵汴梁城下。宋徽宗匆忙傳位給兒子宋欽宗。為讓金人退兵，北宋答應了賠償金 500 萬兩，銀 5000 萬兩，割讓太原、中山、河間三鎮等苛刻要求。哪知到了八月，金人再次攻宋，汴梁城破，徽宗、欽宗以及宗室、大臣等三千多人被擄走，汴梁城被劫掠一空，北宋滅亡。徽宗之子康王趙構（宋高宗）倉惶南渡，在臨安（今杭州）稱帝，建立南宋。

采石之戰

在岳飛等力主北伐的將領被冤殺或閒置後，宋金媾和，平靜了二十餘年。到了紹興三十一年（1161）九月，金主（海陵王）完顏亮以六十餘萬大軍的傾國之力南下攻宋，意欲完成統一，宋軍初戰大敗，被迫放棄兩淮，退守長江。十一月，金軍自采石（今安徽當塗）渡江。宋軍在虞允文指揮下，以水師阻擊金軍，宋軍使用先進的車船、火炮、火箭攻擊金軍，金軍大敗，屢戰無獲。就在完顏亮一籌莫展之際，金國國內發生兵變，完顏亮被殺，金軍潰退，宋金恢復原有邊界。采石之戰是宋金之間極為重要的戰役，南宋憑藉優勢的水軍和戰艦，此後較長時間保持了與金的對峙局面。

市舶之利

兩宋時期，陸上絲綢之路被金、西夏等所阻，對外貿易只好集中在海路進行。當時與宋朝通商的海外國家共 50 多個，除高麗、日本外，被總稱為“南海諸國”。為了加強對海外貿易的管理，宋朝仿效唐朝，建立市舶司制度，總管海外貿易事宜。兩宋時期，在杭州、明州、泉州、廣州等處均設有市舶司，海外貿易的物品則主要有絲綢、瓷器、茶葉、漆器和紙張等等。海外貿易為朝廷帶來巨大收益。北宋時期市舶收入每年約 50 萬貫，南宋時增至 200 萬貫，成為政府財政收入的重要來源之一。南宋初期，戰爭未止，賦稅銳減，市舶收入甚至佔到政府總收入的百分之十五。

鵝湖辯論

理學，或稱道學，亦稱義理之學，它以儒家學說為中心，相容佛、道兩家的哲學理論，是宋代以降儒家思想學說的通稱，其影響至深至巨。理學分兩大流派：一稱程朱理學，以“二程"（程顥、程頤兄弟）、朱熹為代表，強調理高於一切；一稱陸王心學，以陸九淵、王陽明為代表，強調心是宇宙萬物的主宰。1175年，理學兩大流派的代表朱熹與陸九淵在信州鵝湖寺進行學術辯論，成為影響理學發展走向的一次辯論。到了南宋後期，朱熹所闡述的理學成為官方承認的正統思想，被定為科舉考試的依據和評判標準，自此支配中國文化數百年之久。

崖山之戰

1234年，蒙古滅金，南宋開始直面蒙古的威脅。1276年，蒙古鐵騎直抵臨安，宋恭帝投降。文天祥、陸秀夫、張世傑等大臣先擁立端宗趙昰，端宗病逝後，又擁立只有七歲的少帝趙昺。文天祥被俘後，陸秀夫、張世傑攜少帝等皇室成員退守廣東新會崖山，試圖以水軍阻擊元軍。當時，退避到崖山的南宋軍民有20餘萬。1279年春，元軍三面圍困崖山。隨後，雙方展開大規模海戰，元軍以少勝多，宋軍全軍覆滅。最後時刻，陸秀夫背負少帝趙昺投海自盡，許多忠臣追隨其後，十萬軍民跳海殉國。此戰之後，蒙元最終統一中國。這是中國第一次整體被北方遊牧民族所征服。

天文台與太空館

北宋時期，科學家蘇頌主持建造了當時世界上最早，也是最先進的綜合性天文台——水運儀象台和大型天文演示儀器——假天儀。水運儀象台是用來觀測星象，展示天體運行，測定天體距離並兼顧報時等功能的天文儀器，它以水力驅動，比以前人工驅動誤差小，更為準確。假天儀就像今日的太空館，球體上按照星宿的位置穿鑿小孔，人坐在黑暗的球體內，光線透過小孔射入，以模擬星空。正是有了先進的天文儀器，才使得南宋頒行了當時最準確的曆法《統天曆》，將回歸年的長度精確為365.2425日，比歐洲早了近四個世紀。

四族同源

唐亡之後到元代統一之前，中國再度陷入分裂的局面。北宋實際上未能實現統一，而是相繼與契丹建立的遼、党項建立的西夏、女真建立的金對峙；南宋偏安，亦先後與金和蒙古建立的元對峙。而契丹、党項、女真以及蒙古等民族，雖然崛起的地區有東北、西北和蒙古高原的區別，但其實他們都源於戰國時期居住在東北大興安嶺一代的"東胡"人，契丹、党項關係尤其近，都出自東胡的鮮卑人。這幾個民族後來各自獨立發展，有的南下，有的西遷，並不斷與其他民族如羌、突厥等融合而壯大，但他們在髮式、信仰、風俗等方面仍保持了共通之處。

榷場貿易

兩宋時期，宋與遼、金、西夏等國雖然屢有戰事，但各方之間的經濟交流一直未曾停止，特別是在邊境地區，貿易活動十分頻繁。為了加強對這類貿易活動的管理，增加政府收入，同時也為避免糧食、火藥、馬匹、金屬等戰略物資流入他國，宋、遼、金、西夏都在邊境地區固定的地點設置榷場（類似今日的交易中心），在官方監督之下開展貿易活動。榷場貿易的規模很大，利潤也很豐厚。北宋曾一次將"香藥二十萬貫"投入與遼互市的榷場，而在南宋與金的榷場，管理者除了要對商人的貨物按市值收各種費用外，還規定每交易一千錢，宋金雙方就各取百分之五作為息錢。

騎兵利與弊

契丹、党項、女真、蒙古等遊牧民族非常善於騎射，騎兵強大。騎兵的最大優勢是在平原開闊地帶的快速出擊、長途奔襲和強力突擊，但當騎兵遇到河流湖泊、高城深池時，就會束手無策。宋軍面對騎兵的威脅，即以城池為依托構築龐大的防禦體系，取得了很好的效果。金軍曾命士卒穿戴多重防護鎧甲，三人一組，用皮繩相連，組成"鐵浮屠"攻城，背後還有"拒馬子"揮刀督戰，都不能取得勝利。直到金人掌握了雲梯、火炮等技術後，才取得攻城的優勢。也正是因為契丹和女真過於迷信騎兵，不善於組織持久戰和防禦戰，結果他們亦亡於更強大的騎兵對手。

元 46-47

蒙古崛起

📖 蒙古的祖先是中國北方古老的遊牧民族室韋，屬於東胡的後裔，最早居住在額爾古納河流域，內部分為諸多部族。金代後期，蒙古日漸強大，乞顏部首領孛兒只斤·鐵木真（1162－1227年），發起了統一蒙古的戰爭。公元1204年，鐵木真征服了蒙古各部。公元1206年春，蒙古各部族首領在斡難河（今鄂嫩河）源召開大會，鐵木真被尊為"成吉思汗"，蒙古國建立。此後，成吉思汗和他的子孫們，率領蒙古騎兵南征北戰，滅西夏、滅金、滅宋……，繼而橫掃歐亞大陸，建立了一個空前絕後的蒙古大帝國。

元大都

📖 成吉思汗的孫子忽必烈繼承蒙古大汗之位後，以"儀文制度遵用漢法"的原則，於公元1271年取《易經》"大哉乾元"之意，建國號為大元。次年，將都城從蒙古高原的和林，遷到大都（今北京）。他根據《周禮》的理論來營造北京城，連城門的名稱都來自《易經》，奠定了今日北京城的基礎。入主中原的蒙古統治者，仿效歷代中原王朝的做法，頒佈各項法律政策和制度，其中在全國設立"行省"的制度，更是一直影響

至今。也正因如此，元朝被認定是中華文明的一部分，是中國歷代正統王朝之一，它的建立，令中華文化又進入了一個全新的融合時期。

紙幣寶鈔

📖 與傳統中原王朝重農抑商不同，北方遊牧民族政權既重農也重商。商業的發達，貨幣需求激增，加之宋、遼、金、元之間對金屬貿易的限制和反限制，促進了紙幣的誕生。宋、金曾發行過類似紙幣的"交子"、"會子"、"寶券"。到了元代，元世祖忽必烈於中統元年（1260）十月下詔發行"中統寶鈔"，是元朝最早發行的紙幣，它以桑麻紙製，面值自十文至二貫，共九等，成為中國歷史上首次通行全國的紙鈔，這是中國貨幣發行一次大變革。元朝一共發行了五種紙幣，但元代後期，統治者發行寶鈔毫無節制，變相掠奪，使得鈔法變壞，寶鈔成為劣幣的代名詞。

管轄西藏

📖 窩闊台汗時期，蒙古勢力進入西藏，蒙古軍隊直抵拉薩東北。1246年，藏傳佛教薩迦派高僧北上到達涼州，表示歸順蒙古。忽必烈統治時期，設立宣政院，進一步加強了對西藏地區的控制，並迎請薩迦派祖師八思巴擔任帝師，給予其豐厚賞賜和極高禮遇。帝師職責一是為皇帝傳授佛戒，舉行佛教儀軌。二是統領宣政院，成為西藏地區政教合一的領袖，也是全國僧人最高統領。忽必烈之後的歷代元朝皇帝，必須先從帝師受戒，才能登基，成為定制。這樣，中央政府通過宗教的力量，成功加強了對西藏地區的管轄和治理。

授時曆

📖 郭守敬是元代著名的天文學家和水利專家，他參與制訂了頒行全國的《授時曆》。在他的主持下，研製出簡儀、仰儀、玲瓏儀等十二種天文

儀器，極大超越了前代。他同時組織了全國範圍的天文觀測活動，以南海（今西沙群島）和北海（今西伯利亞）為南北兩端，全國設二十七個觀測點，推算出一回歸年長度為 365.2425 天，測定黃赤交角為 23 度 33 分 34 秒。這樣的測試使得《授時曆》極為精確，一年的天數與實際時間僅差了 26 秒。現在，月球背面一座環形山被命名為"郭守敬環形山"，一顆小行星也被命名為"郭守敬小行星"。

明（前期）50-51

從農民到皇帝

朱元璋是安徽鳳陽人，他自幼家貧，靠給地主做佃戶，放牛謀生，經常食不果腹、衣不蔽體。父母亡故後，他無依無靠，為了活命，被迫出家皇覺寺做了和尚。元末天下大亂，朱元璋參加郭子興的紅巾軍，後自己獨樹一幟，發展壯大，佔領集慶（今南京），建立割據政局。他先後擊敗陳友諒、張士誠等勢力，繼而北伐中原，經過十餘年的艱苦奮鬥，終於將蒙元勢力趕出長城，統一中國，建立起明朝。中國兩千餘年的帝制時代，共有皇帝四百餘人，朱元璋是其中出身最低微者之一，而從貧農、和尚，到義軍統帥，最後統一中國，成為一代帝王，朱元璋更是絕無僅有。

廢丞相

朱元璋登基稱帝後，致力於強化皇權，為此，他於洪武十三年以謀反的罪名誅殺丞相胡惟庸及其黨羽三萬餘人，罷黜中書省，並正式廢除丞相之職，將其職權分擔給吏、戶、禮、兵、刑、工六部，遂為定制，自秦以來延續了一千五百餘年的"丞相"自此被廢除。不久後，明太祖又在華蓋殿、文淵閣等內廷殿閣設大學士數人，協助處理政務，"內閣大學士"由此誕生。到明成祖以後，內閣大學士地位日益重要，漸成皇帝倚重的重臣。排名第一的內閣大學士被稱為"內閣首輔"，擁有替皇帝"票擬"御批的權力，實如丞相一般。嚴嵩、張居正等權臣，都曾擔任"首輔"之職。

靖難

朱元璋晚年疑心很重，大肆殺戮功臣宿將，為鞏固防務，便將自己的諸位兒子分封到各地作藩王，特別是駐防北部的諸王，給予他們很大的權力。他死後，因太子朱標早亡，便將皇位傳給了皇長孫朱允炆。朱允炆見諸位藩王尾大不掉，便接受親信大臣的建議，要削奪他們的權力。1399 年，駐防在北京一帶的燕王朱棣以"清君側"（清除皇帝身邊奸臣）的名義，發起靖難（替皇帝解難）之役。最終朱棣於 1402 年攻入南京，朱允炆下落不明。朱棣稱帝後，大力營建北京城，隨後於 1421 年，將都城從南京遷到北京。

鄭和下西洋

鄭和七下西洋概況

出發年份	回程年份	船隊所經主要國家和地區
永樂三年（1405）	永樂五年（1407）	占城（今越南中南部）、暹羅（今泰國）、爪哇（今印度尼西亞爪哇島）、舊港（今印度尼西亞蘇門答臘島巨港一帶）、滿刺加（今馬來西亞馬六甲）、錫蘭山（今斯里蘭卡）、古里（今印度西海岸科澤科德）等
永樂五年（1407）	永樂七年（1409）	渤泥（今加里曼丹島北部）、柯枝（今印度西海岸笠欽）等
永樂七年（1409）	永樂九年（1411）	溜山（今馬爾代夫羣島）、小葛蘭（今印度西南沿海之奎隆）等
永樂十一年（1413）	永樂十三年（1415）	吉蘭丹（今馬來西亞之吉連丹）、彭亨（今馬來西亞東南岸）、木骨都束（今索馬里摩加迪沙）、忽魯謨斯（今伊朗基什姆島）、麻林（今肯尼亞馬林迪）等
永樂十五年（1417）	永樂十七年（1419）	卜刺哇（今索馬里布拉瓦一帶）、阿丹（今也門亞丁）、刺撒（今紅海東岸）等
永樂十九年（1421）	永樂二十年（1422）	榜葛刺（今孟加拉）、祖法兒（今阿拉伯半島南岸哈得拉毛）等
宣德六年（1431）	宣德八年（1433）	天方（今沙特阿拉伯麥加）、竹步（今索馬里朱巴河口一帶）等

京師保衛戰

蒙元敗退漠北後，分裂為瓦剌和韃靼兩部，仍然對明朝北邊構成威脅。1449年，瓦剌部在也先率領下入侵，明英宗在太監王振唆使下率領五十餘萬大軍親征。明軍指揮混亂，結果在土木堡遭到瓦剌軍隊襲擊，全軍覆沒，諸多隨軍大臣被殺，王振被英宗衛士殺死，明英宗也做了俘虜，史稱"土木之變"。瓦剌大軍趁勢兵臨北京城下，並以被俘英宗為籌碼，要挾明政府。在于謙等人倡議和率領下，明政府先是迎立英宗的弟弟繼位，然後組織城內軍民頑強抗敵，數次擊潰瓦剌攻城，終於迫使也先無功而返。一年之後，瓦剌見無利可圖，便放還了英宗。

廠衛特務

明太祖於洪武十五年（1382）設立錦衣衛，本是皇帝身邊的侍衛、儀仗，後增加了巡查緝捕、監察群臣的職責。明成祖的時候，又設立東廠，主要任務就是偵查臣民的謀逆等大案，由宦官來負責。此後，又曾有過西廠、內行廠等特務機構，都是以宦官統領的。錦衣衛下轄的鎮撫司和詔獄，可以繞開律法直接抓捕有嫌疑的官、民；東廠等宦官統領的機構更是殘害忠良、手段殘忍、肆意妄為，根本不把律法放在眼裏。"廠衛"是皇帝手中的利器，互相制衡又互相利用，成為明代特務組織的代稱，而與明代相始終的特務政治，則是其政治的一大特色。

倭寇為患

明代中葉，日本國內陷入紛爭不斷的戰國時代，足利幕府式微，大量落魄的日本武士便與中國的盜匪勾結，不斷滋擾中國東南沿海地區，給當地社會經濟帶來極大危害。因日本古稱"倭奴"，此害便被稱為"倭寇之患"。嘉靖年間，明政府起用俞大猷、戚繼光等名將，編練起"戚家軍"等富有戰鬥力的軍隊，有效打擊了倭寇的囂張氣焰。萬曆初年，豐臣秀吉統一了日本，強化了中央權力，加強對武士階層的控制,倭寇之患便逐漸解決了。

援朝抗倭

📖 萬曆年間,明朝有三次大規模用兵,被稱為"萬曆三大征",其中以援朝抗倭最為重要,代價也最大。1590年,豐臣秀吉統一日本,此後,他即籌劃侵略朝鮮,意欲以朝鮮為跳板,佔領中國。1592年4月日軍大舉侵朝,5月攻克朝鮮王京漢城。朝鮮國王向宗主國明朝求援。7月,明軍大舉入朝,由此拉開了長達六年的"援朝抗倭之戰",雙方都付出了數萬人傷亡的代價。1597年8月,豐臣秀吉病死,日軍無心作戰,於11月分批撤離朝鮮。12月,中朝聯軍殲滅釜山殘留日軍,戰役終告結束。由此奠定的中、日、朝之間的政治格局,直到三百年後的"甲午戰爭"才被打破。

宦官之禍

📖 明代是中國歷史上宦官為禍持續時間最長的朝代,幾乎與明朝相始終。明代宦官有四司、八局、十二監,共二十四個衙門,有太監、少監等職務,"太監"一詞,便始於明代。其中司禮監太監可以替皇帝朱批奏章,權力最大。王振、劉瑾、馮保、魏忠賢等權傾一時的大太監,便都執掌過司禮監。皇帝往往還讓親信太監擔任東廠的提督,魏忠賢更是二者兼任,氣焰更加囂張,與朝臣中奸邪者勾結,形成"閹黨"。但與東漢、晚唐宦官可以廢立皇帝不同的是,明代宦官擅權,完全依賴於皇帝的寵信,命運始終掌握在皇帝手中,這也是明代皇權高度集中的體現。

崇禎殉國

📖 1627年,崇禎皇帝繼位,此時的大明王朝已是危機四伏,千瘡百孔。東北關外滿洲崛起,明軍屢敗;關內高迎祥、李自成、張獻忠等農民軍轉戰數省,烽火遍地;朝廷內黨同伐異,互相傾軋。他在位十七年,勵精圖治,宵衣旰食,但在內外交困的局面下,終於無力回天。1644年4月,李自成的農民軍開始攻打北京城。絕望至極的崇禎皇帝放棄了逃往南京的念頭,4月25日拂曉,城破,崇禎帝在貼身太監王承恩陪同下,登上景山眺望,此時京城已是四處烽煙。崇禎帝以髮覆面,自縊而死,王承恩亦自縊。聞聽此訊後,又有倪元璐等大臣、宗室、太監自殺殉國,大明滅亡。

書院

📖 書院初興於唐代,是學者私人講學的地方,與官學迥異。宋、明兩朝是書院教育的興盛時代,特別是明代中葉以後,受王陽明的影響,書院曾得到官方支持,發展達到鼎盛,成為各種文化思潮的中心。及至晚明,書院還成為知識分子評議、影響時政之所在。天啟年間的東林書院,是其中的代表。這裏曾湧現出高攀龍、楊漣、左光斗等不畏閹黨權勢,正直、剛硬、廉潔的文人,被稱為"東林黨"。創辦人顧憲成所提"風聲雨聲讀書聲,聲聲入耳;家事國事天下事,事事關心"更是代表了中國傳統文人的信念。

西學東漸

📖 隨着新航路的開闢和歐洲的宗教改革,天主教耶穌會的傳教士於17世紀開始來到中國傳教。萬曆年間來華傳教的利瑪竇,是其中最為成功的一位。他尊重中國傳統文化,以西方科技吸引知識階層關注,不但培養了一批批的天主教徒,還獲准進京,得到萬曆皇帝的接見。利瑪竇結識了信奉天主教的政府官員徐光啟,二人合力完成了多部西方科學著作的翻譯工作。有了利瑪竇成功的經驗,後續的傳教士紛紛效仿,在傳教之餘,把西方文明、科技介紹到中國。望遠鏡、近代火炮(紅夷大炮),都是此時傳入中國的。這一傳播過程,被稱為中國歷史上第一次"西學東漸"。

八旗

清朝是女真人建立的政權，"八旗"是其軍政合一的組織，由女真人的"牛条"制度演化而成。清太祖努爾哈赤根據牛条制度創立八旗，起先為黃、紅、藍、白四旗，後增加鑲黃、鑲紅、鑲藍、鑲白四旗。之後，又增加蒙古八旗、漢軍八旗。八旗將士最初驍勇善戰，屢立戰功，是清軍絕對主力，在很長時間裏成為滿清基本的軍事行政制度。但到了清代後期，八旗兵武備廢弛、頹廢羸弱，已不堪一戰，其重要性已不及湘軍、淮軍等地方團練武裝，成為政府的負擔，後終於在晚清新政中，被近代西式軍隊所取代。

剃髮與屠城

李自成農民軍攻入北京後不久，守衛山海關的明軍將領吳三桂便向滿清投降，引八旗軍入關，擊敗李自成，佔領北京，滿清遂遷都於此。清軍入關後繼續南下，追殲南明政權和李自成、張獻忠等農民軍。與此同時，滿清政府頒佈"剃髮令"，要求民眾必須在髮式和服飾上與女真的風俗保持一致。此令無異於強令漢族同化於女真，激起民間強烈反抗情緒。在江浙地區，嘉定、揚州、江陰等地民眾舉義旗反抗滿清，結果遭到清政府殘酷而血腥的鎮壓，清軍在嘉定、揚州、江陰等地進行了慘絕人寰的屠殺，被稱為"嘉定三屠"和"揚州十日"。

康熙大帝

清聖祖愛新覺羅·玄燁，是清朝入關之後的第二個皇帝，他八歲登基，在位六十一年，是中國歷史上在位時間最長的皇帝。因為年號康熙，所以通常稱作康熙帝。他一生文治武功，政績卓著，令清朝進入鼎盛時期。他平定"三藩"，解決地方叛亂威脅；收復台灣，實現了國家統一；雅克薩之戰驅逐沙俄侵略軍；三次親征，平定準噶爾部首領噶爾丹的叛亂，統一漠北地區；派軍進入西藏，為多民族國家的鞏固起到了巨大的作用。康熙本人涉獵四書五經、詞章、曆算以及西方科技。在位期間，編纂《古今圖書集成》等類書，對文化傳承起到了巨大的推動作用。

文字獄

文字獄是清代統治者加強思想文化控制的措施之一。滿清是少數民族建立的政權，為鎮壓知識分子和漢人的反抗，往往從其作品中摘取字句，羅織罪名，構成冤獄。文字獄縱貫整個清代，保守估計 200 餘起，尤以順治、乾隆年間為甚。文人學士在文字中稍露不滿，或皇帝疑惑文字中有譏訕清朝的內容，即興大獄，常常廣事株連。比較著名的有《明史》案、《南山集》案、查嗣庭之獄、呂留良案、胡中藻詩獄等等，其中《明史》案被金庸寫進了小說《鹿鼎記》。民間流傳的徐駿因詩句"清風不識字，何必亂翻書"而被雍正皇帝認為譏諷滿清，結果被下令處死，也可算作其一。

十三行

清初，曾設定了廣州、寧波等四處通商港口，與外商進行貿易活動。乾隆二十二年（1757），為限制外商的活動，清政府下令改為以廣州一處作為對外通商的口岸，外商被安排集中住在廣州的"夷館"內，而且只能與清政府特許的中國商人從事貿易活動。這些有外貿特權的中國商人，被習慣地稱為"十三行"，其實遠不止十三家，多時達四五十家，他們亦商亦官，壟斷經營，所以獲利豐厚，但還要監督和約束外商的行為，責任也很大。直到1841 年第一次鴉片戰爭之後，清政府被迫簽署《南京條約》，開放五口通商，"十三行"才逐漸退出歷史舞台。

清（後期）56-57

禍起鴉片

清代中葉以來，英國政府和商人把在殖民地印度種植的鴉片（俗稱煙土）輸往中國，再從中國把茶葉、生絲等輸往英國，從中大獲其利，卻令中國貽害無窮。道光皇帝用林則徐為欽差大臣兼兩廣總督實行禁煙。1840年6月，英國以此為藉口，發動了第一次鴉片戰爭，中國最終戰敗，1842年8月，雙方在南京簽訂《中英南京條約》。條約規定：中國向英國賠款2100萬銀元，開放廣州、廈門、福州、寧波、上海等五處為通商口岸，割香港島給英國，以及片面最惠國待遇，領事裁判權等不平等條款。《南京條約》的簽署，是中國近代史的開端，也是此後列強不斷侵華，中國主權不斷淪喪的開始。

洋務運動

1840年和1860年的兩次鴉片戰爭，清政府都戰敗了，這使得以恭親王奕訢為代表的政治和知識精英開始覺醒，決心學習西方的先進科技。為此，他們提出"中學為體，西學為用"的主張，推行了以富國強兵為目標的洋務運動。洋務運動前期以"自強"為旗號，採用西方先進技術，創辦了一批近代軍事工業。後期在"求富"的口號下創辦了一批民用企業。這是近代中國第一次大規模模仿西式工業化的運動，刺激了中國民族資本主義的產生，但卻沒有使中國走向富強。1894年的中日甲午戰爭，作為洋務運動標誌性成果的北洋海軍全軍覆滅，持續三十餘年的洋務運動也就黯然收場。

甲午戰爭

幾乎是在清政府開展"洋務運動"的同時，日本開啟了"明治維新"。與此同時，中國也成為日本侵略和掠奪的對象。1894年（農曆甲午年），以爭奪對朝鮮的控制權為導火索，中日之間的戰爭終於爆發。結果，日軍在陸地和海上兩個戰場擊敗清軍。在海戰中，日軍更是將清朝的精銳 —— 同時也是洋務運動的標誌性成果 —— 北洋海軍全部殲滅，宣告了洋務運動徹底失敗。1895年4月17日，清政府被迫與日本簽訂喪權辱國的《馬關條約》，除了賠償二億兩白銀之外，還將台灣及澎湖列島割讓給日本。此役令日本獲得大量侵略利益，迅速崛起，中國則遭受重創，進一步被列強瓜分。

八國聯軍

隨着列強對華侵略的加劇，民間帶有盲目排外性質的義和團運動興起，並被清政府所利用。由此在北京等地發生了殺害外國人、傳教士、駐華公使，甚至在政府支持下圍困攻打使館、教堂等行為。結果招致英、法、美、俄、日、意、奧、德等列強組織聯軍，對中國進行武裝侵略，清政府昧於大勢，居然同時對這些國家宣戰。1900年8月，八國聯軍攻入北京，慈禧太后和光緒皇帝等人倉惶逃亡西安。1901年，清政府被迫與上述八國及西、比、荷共十一國簽署《辛丑條約》，除了允許外國在華駐軍等喪權辱國條款外，僅賠款一項本息就達9.8億兩白銀，直到三十多年後，抗戰爆發時仍未償清。

變法與新政

面對亡國滅種的危局，晚清時期先有康有為、梁啟超等人於1898年發起"戊戌變法"；後有清政府無奈推行的新政改良。前者過於激進，觸動了保守派的利益，僅百日即被廢止，康、梁流亡，以譚嗣同為代表的，積極推行變法的"戊戌六君子"被處死。後者則是"換湯不換藥"，除了廢除科舉這一措施值得稱道之外，其他很多條款絲毫不敢觸碰皇權和滿清權貴的利益，根本不能挽救大清滅亡的命運。

百日維新改革表

範圍	改革內容
政治	撤銷閒散衙門，裁汰冗員。
	廣開言路，鼓勵臣民上書議論時政。
軍事	裁減舊軍，編練新軍，軍隊改習洋槍。
	武官考試，改試槍炮。
	各省辦團練、組民團，行保甲制度。
經濟	設中國銀行，倡辦各種實業。
	獎勵新發明，實行專利制。
	編製國家財政預算，公佈每年收支。
教育	廢八股，改試策論，注重考生對時事的認識。
	籌辦京師大學堂，地方辦高等、中等及小學堂，兼習中西學科。
	設譯書局，廣譯外國新書。
文化	准許自由開設報館和學會
	獎勵新著作

清末新政一覽

	年份	內容
教育	1901 年	廢八股文
	1904 年	制定一套以日本為模式的學堂行政管理規章，把正規教育分為初、中、高三級。
	1907 年	制訂關於女子教育的章程，並在初等小學堂、中學堂和高等學堂設軍事訓練課。
軍事	1901 年	取消武舉，在各省辦武備學堂，命各省建立"新軍"。
	1910 年	建立海軍處
行政	1901 年	取消書吏，簡化各官署的公文形式。
	1903 年	設立商部
	1905 年	設立巡警部和學部
	1906 年後	將行政、立法、司法三權分立。

武昌起義

面對亡國滅種的危局，1894年，孫中山創立"興中會"，舉起武裝反清的大旗。1905年，同盟會成立，孫中山提出了"驅除韃虜，恢復中華，創立民國，平均地權"的三民主義主張。1911年10月10日，革命黨人在武昌發動起義，成立了湖北軍政府。打響了推翻清王朝統治，同時也是結束帝制時代的第一槍。此後，南方各省紛紛宣佈獨立，革命大勢不可逆轉。1912年（民國元年）1月1日，孫中山在南京宣佈就任臨時大總統，組建中華民國臨時政府。2月12日，宣統帝（溥儀）退位，清王朝兩百餘年的統治終結，帝制時代結束，中國進入了共和國時代。

中華民國 58-59

袁世凱稱帝

中華民國成立後不久，北洋軍閥首領袁世凱便取代孫中山擔任了大總統，他遷都北京，民國進入"北洋政府"時期。但袁世凱野心膨脹，於1915年歲末，宣佈改國號為中華帝國，改年號"洪憲"，登基稱帝。這一倒行逆施，引起全國公憤。蔡鍔、李烈鈞等將領在雲南、貴州、廣西等地發起討袁戰爭。袁所倚重的段祺瑞、馮國璋等將領也都反對稱帝。眾叛親離之下，袁世凱被迫於1916年3月22日宣佈取消帝制，持續了83天的稱帝鬧劇慘淡收場，袁世凱也在內外交困中於同年6月6日病死。袁世凱死後，北洋政府內耗不斷，孱弱無能，各地大小軍閥擁兵自重，中國再度陷入軍閥割據的局面。

五四運動

在一戰結束後的巴黎和會上，中國作為戰勝國與會，列強卻將德國在華權益轉讓給日本。1919年5月4日，北京高校的3000多名學生代表雲集天安門廣場，打出"收回山東權利"、"拒絕在巴黎和約上簽字"、"廢除二十一條"等口號。憤怒的學生還火燒交通總長曹汝霖（二十一條談判時任外交次長）的住宅，打傷駐日公使章宗祥。此後，以上海工人為首，全國有22個省150餘座城市的學生罷課、工人罷工，形成聲勢浩大的愛國運動。面對強大的社會輿論壓力，曹汝霖、陸宗輿（二十一條談判時任駐日公使）、章宗祥等人被免職，總統徐世昌辭職，中國代表拒絕在《巴黎和約》上簽字。

第一次國共合作

革命事業的不斷挫折，令孫中山一直在探索如何讓革命組織不再渙散，而是更有凝聚力和戰鬥力。從1922年起，他在蘇俄和中國共產黨人的幫助下，決心對國民黨進行改組。1924年1月，在孫中山主持下，中國國民黨第一次全國代表大會在廣州召開，大會重新解釋了三民主義，確立了聯俄、聯共、扶助農工的三大政策，允許共產黨員以個人身份加入國民黨，為國民黨注入了新鮮血液，開啟了第一次國共合作的序幕。培養了大批軍事人才的黃埔軍校（陸軍軍官學校），就是國共合作的產物。而1927年爆發的"四‧一二"和"七‧一五"事變，則標誌着第一次國共合作的徹底破裂。

北伐戰爭

1926年7月9日，國民革命軍約10萬人從廣東分三路正式出師北伐，蔣介石任總司令。北伐軍先後擊敗以吳佩孚、孫傳芳、張宗昌為主力的北洋軍閥，之後取得原屬北洋系統的馮玉祥、閻錫山等人的加入。1927年4月，南京國民政府宣告成立，北伐取得階段性成果。1928年6月，控制北京政權的奉系軍閥張作霖退回東北，被日本暗殺於皇姑屯，北伐軍進駐北京，北洋政府時代宣告終結。同年12月29日，張作霖之子張學良宣佈東北三省由北京政府五色旗改懸國民政府青天白日滿地紅旗，改保安委員會為東北政務委員會，即"東北易幟"。至此，北伐完成，南京國民政府在形式上統一了全國。

紅軍長征

1927年國共第一次合作破裂後，中共開始獨立發展自己的武裝力量"中國工農紅軍"，並在江西、安徽、福建、湖南、湖北等省交接處建立了一系列的根據地"蘇區"。南京政府對"蘇區"前後組織了五次軍事圍剿。1934年10月，在第五次軍事圍剿之下，共產黨領導的紅一方面軍、紅二方面軍、紅四方面軍和紅二十五軍分別從各蘇區向陝甘蘇區戰略撤退和轉移，長征開始。1936年10月，紅軍第一、二、四方面軍在甘肅會寧會師，長征結束。其中，中共中央與紅一方面軍從江西瑞金（中央蘇區）出發，總計行程約為二萬五千里，因此長征又常被稱作二萬五千里長征。

抗日戰爭 60-61

九‧一八事變

自1894年甲午戰爭以後，日本侵華野心日益膨脹，妄圖以朝鮮半島為跳板，佔領東北，進而征服整個中國。1904年日俄在東北劃分勢力範圍，1915年逼迫中國簽署"二十一條"，扶植親日的奉系軍閥，都是其蠶食中國的步驟。1931年9月18日晚，駐紮在東北的日本關東軍炸毀南滿鐵路瀋陽柳條湖附近的路段，並嫁禍於中國軍隊，隨即以此為藉口，突然向駐守瀋陽的中國軍隊發動進攻，"九‧一八事變"爆發。張學良麾下的東北軍幾乎是未做抵抗，便撤入關內，此後不到半年的時間，中國東北全境淪陷。"九‧一八事變"是日本侵華戰爭的開始，拉開了中國十四年抗日戰爭的序幕。

七‧七事變（盧溝橋事變）

日本根據《辛丑條約》規定，得以在京津一帶駐軍，為其侵華積極備戰。1937年7月7日，日軍在北平（北京）西南盧溝橋附近演習時，藉口一名士兵失蹤，要求進入宛平縣城搜查，遭到中國守軍第29軍的嚴詞拒絕。日軍遂向中國守軍開槍射擊，並炮轟宛平城，第29軍奮起抵抗，"七‧七事變"爆發。7月底京津淪陷，第29軍副軍長佟麟閣、第132師師長趙登禹等人壯烈殉國。事變次日，中國共產黨通電全國，呼籲一致抗日；7月17日，蔣介石在盧山發表談話，表示要堅決抗日，毫不退讓。"七‧七事變"促使國共捐棄前嫌，再度合作，標誌着中華全民族抗日戰爭的開始。

平型關大捷

"七‧七事變"後，國共捐棄前嫌，二次合作，紅軍被改編為國民革命軍第八路軍（後又改為第十八集團軍），南方八省的遊擊隊被改編為國民革命軍新編陸軍第四軍，積極投入抗日戰爭之中。1937年9月25日，八路軍115師在山西大同平型關附近，為了配合閻錫山所轄第二戰區的友軍作戰，在師長林彪等人指揮下，發揮近戰和山地戰的特長，集中較大兵力對日軍坂垣征四郎師團的輜重部隊進行了一次成功伏擊戰。平型關大捷打破了日軍"不可戰勝"的神話，粉碎了日本軍國主義者妄圖三個月滅亡中國的瘋狂計劃，極大地振奮了人心。

日本投降

1945年8月15日，日本裕仁天皇發表《終戰詔書》，宣佈無條件投降。9月2日，在停泊於東京灣的美軍軍艦"密蘇里"號上舉行受降儀式，日本代表在無條件投降書上簽字，中、美、英、蘇等九國代表相繼簽字。1945年9月9日，日本中國派遣軍總司令岡村寧次在南京簽署投降書，向中國陸軍總司令何應欽表示無條件投降。至此，經過十四年的艱苦鬥爭，在付出 3500 多萬人傷亡的代價後，中華民族的抗日戰爭勝利結束。抗戰的勝利，是自 1840 年以來，中國人民第一次取得反抗外來侵略鬥爭的勝利，極大提振了民族士氣。

新中國的建立 62-63

重慶談判

抗戰勝利後，國內輿論紛紛呼籲和平，希望建立獨立、自由、民主、富強、統一的新中國。1945 年 8 月，蔣介石電邀毛澤東赴重慶共商"國家大計"。毛澤東率中共代表團飛抵重慶。1945 年 8 月底至 10 月上旬，國共雙方在重慶展開艱苦談判。最終，雙方於 10 月 10 日發表《政府與中共代表會談紀要》（即《雙十協定》），主要內容有：1. 以和平、民主、團結為基礎，避免內戰，建立獨立、自由和富強的新中國。2. 以"政治民主化，軍隊國家化，黨派平等化"作為和平建國的途徑。3. 召開政治協商會議，邀請各黨派和社會賢達，討論建國方案，召開國民大會。但協定並沒有換來和平，雙方在各地時有衝突，1946 年 1 月，國共雙方簽訂停戰協定。國民黨完成軍事部署後，於 1946 年 6 月對共產黨控制的中原解放區發動進攻，內戰爆發。

三大戰役

三大戰役是指國共內戰（解放戰爭）中的遼瀋戰役、淮海戰役、平津戰役，從 1948 年 9 月至 1949 年 2 月，共歷時 142 天，共產黨領導的解放軍大獲全勝，相繼控制了東北全境、長江中下游以北地區、華北大部，國民黨損失軍隊 154 萬餘人，佔其一線總兵力的百分之九十。至此，國民黨政權的主力部隊被基本消滅，為中國共產黨在全國範圍內的勝利奠定了基礎。

國民經濟崩潰

持續了十四年的抗日戰爭，已經令中國滿目瘡痍、百廢待興，未及休養生息、恢復生產，國民黨政府隨之發動全面內戰，更令國民經濟一步步走向崩潰。而面對危局，國民黨政府內耗無已、舉措失當。法幣大幅貶值，政府便從民間收繳貴重金屬，並強行以金圓券替代法幣，但推行不足一年，金圓券發行總額竟達 130 餘萬億，甚至出現了上百萬的面值。紙幣急劇貶值，泛濫如廢紙，物價飛漲，經濟陷入惡性通貨膨脹之中。從 1948 年 8 月到 1949 年 3 月，作為經濟中心的上海，物價上漲了八萬多倍。1937 年，面值 100 元的紙幣可以購買兩頭牛，到 1949 年，同樣面值的紙幣買不到一粒米。政府財政赤字達 900 萬億元，國家經濟已然崩潰。

渡江戰役

三大戰役結束後，國民黨被迫再度與共產黨舉行和平談判。與此同時，國民黨集結了七十餘萬部隊，退守長江南岸，組織長江防線，憑藉長江天險阻止解放軍南進。中共在和談的同時，也在積極準備渡江作戰。1949 年 4 月 20 日，談判破裂。當日午夜，解放軍發起渡江作戰。21 日，百萬大軍一舉突破國民黨長江防線，奪取江陰要塞，控制了江面。4 月 23 日，攻佔國民政府首都南京，結束了國民黨的統治。此後，解放軍各部陸續渡江南下，相繼奪取了杭州、武漢、上海等重要城市。6 月 2 日，解放軍攻佔崇明島，標誌着渡江戰役順利結束。此役歷時 44 天，攻取了包括國民黨統治中心南京、上海在內的廣大地區，為中共取得全國的勝利開闢了道路。

第一屆政協會議

1948 年 4 月 30 日，中國共產黨提出召開政協會議，成立民主聯合政府的號召。這一號召得到各民主黨派和無黨派愛國民主人士的響應。經過籌備，1949 年 9 月 21—30 日，中國人民政治協商會議第一屆全體會議在北平（北京）召開，與會代表 634 人，代表着中共、各民主黨派以及全國各界愛國民主人士。會議決定國名為中華人民共和國，採用公元紀年，以北京為首都，以五星紅旗為國旗，《義勇軍進行曲》為國歌。會議通過了具有臨時憲法作用的"共同綱領"；選舉產生了以毛澤東為主席的中央人民政府；會議最後通過了"會議宣言"，鄭重向全世界宣告中華人民共和國成立。時至今日，政治協商會議已經成為中國共產黨領導的有廣泛代表性的愛國統一戰線組織。

開國大典

1949 年 6 月的中國人民政治協商會議籌備會議決定，1949 年 10 月 1 日在北京天安門廣場舉行開國大典。10 月 1 日下午 3 時，中華人民共和國中央人民政府主席毛澤東登上了天安門城樓並莊嚴宣佈：中華人民共和國中央人民政府成立了。第一面五星紅旗在天安門廣場冉冉升起。與此同時，54 門禮炮齊鳴 28 響，寓意中國共產黨從 1921 年成立到 1949 年建國的歷程。升旗之後，毛澤東宣讀了《中華人民共和國中央人民政府公告》，隨後舉行了規模盛大的閱兵式和群眾遊行。開國大典是中華人民共和國成立的標誌，10 月 1 日被定為中華人民共和國的國慶節，每年都舉行慶祝活動。

絲綢之路 64-65

絲綢之路

傳統的絲綢之路，起自中國長安（今西安），經中亞、西亞的阿富汗、伊朗、伊拉克、敍利亞諸國而達地中海，以羅馬為終點，被認為是歐亞大陸上的古代東西方文明的交匯之路，而絲綢則是這條商路上最具代表性的貨物，"絲綢之路"遂成為古代中國與西方政治、經濟、文化往來通道的統稱。其中有西漢張騫通西域開闢的"西北絲綢之路"；有北向蒙古高原，再西行天山北麓進入中亞的"草原絲綢之路"；有長安到成都再到印度的"西南絲綢之路"；還有從廣州、泉州、杭州、揚州等沿海城市出發，從南洋到阿拉伯海，甚至遠達非洲東海岸的"海上絲綢之路"等。

草原絲綢之路

中原地區很早就與草原有了貿易往來和文化溝通，並通過草原與漠北、高加索地區和東歐有了經貿往來，這條貿易之路，被稱作草原絲綢之路。當時主要的商道有三條。一條是唐代興起的"參天可汗道"，因唐太宗被尊為"天可汗"而得名。從西安出發，出塞外至受降城，到達回鶻、突厥地區。一條是陰山道，從北京出大同、雲中至草原。一條是到達塞北之後，往西經阿爾泰山到達俄羅斯草原，進入東歐。元代地域遼闊，驛道暢通，元政府遂以上都、大都為中心，依托草原絲路構建起北至西伯利亞，西通中亞達歐洲，東達東北白山黑水，南通中原富庶之地的商業網絡。

海上絲綢之路

早在漢朝，海上絲綢之路已現雛形，漢武帝時，商船可從徐聞（今廣東徐聞）、合浦（今廣西合浦），經南海進入馬來半島，一直到印度。魏晉至隋唐，船隊可從廣州到達波斯灣和紅海。到了宋元時期，更加重視海外貿易，廣州、泉州、明州、劉家港（今上海吳淞口近處）等地，成了著名的對外港口。中國商船從越南、柬埔寨、爪哇島、緬甸，經印度直至阿拉伯地區，外國商船也到中國進行貿易。中西方商人開拓了東起中國東南沿海港口，途徑南海、馬六甲海峽、印度洋，到達中東和北非的海上絲綢之路。明清時期，一度實行"海禁"政策，海上絲路逐漸難覓中國商船的身影。

萬里長城 66-67

秦長城

秦統一天下後，一面對匈奴主動進攻，秦始皇派大將蒙恬率三十萬大軍北擊匈奴，奪取黃河河套地區，迫使匈奴向北退卻；一面為了應對匈奴和東胡的進攻，以秦、趙、燕等國的長城為基礎，重新修築或加以連接。這項工程動用民力達五十餘萬，耗時十餘年。最終形成西起甘肅臨洮，東至遼東碣石，橫亙中國西北諸省，綿延5000多公里的"萬里長城"。秦代在總結前代經驗的基礎上，將"因地形，據險製塞"的修築原則貫徹始終，充分利用大江大河、深谷高山作為天然屏障與人工長城配合使用，這是長城一大特點。

漢長城

秦末漢初，中原大亂，長城因為失修且缺乏防守兵力，失去了重要的防禦價值，除了雲中等一些重要關隘，其他地方，匈奴騎兵得以從容南下。從高祖到景帝，都是對匈奴採取和親策略。到了漢武帝時期，以衛青、霍去病為大將，組織了五次對匈奴的大戰役，取得了對匈奴的徹底勝利。與此同時，漢武帝逐漸修復秦代長城，並依據形勢需要，修建了外長城，築成了一條西起大宛貳師城（在今中亞費爾干納盆地），東至鴨綠江北岸，全長近一萬公里的長城。漢代長城對防範匈奴，鞏固漢朝利益，保障絲綢之路都起到了很大的作用。

明長城

明朝建立以後，退到漠北的蒙古諸部仍然不斷南下騷擾搶掠；明中葉以後，女真族又興起於東北地區，也不斷威脅邊境的安全。為了鞏固北方邊防，在明朝二百多年的統治中幾乎沒有停止過對長城的修築。明代長城亦稱"邊牆"，它東起鴨綠江，西達嘉峪關，全長6300多公里，是由城牆、敵樓、關城、墩堡、營城、衛所、烽火台等多種防禦工事組成的完整的防禦體系。明政府在長城沿線分設了宣府、大同等九個軍事重鎮防守，稱為"九邊"。長城對抵禦蒙古入侵起到了相當大的作用，但到了明末，滿族軍隊不斷從長城廢棄和防禦不力隘口南下，大舉侵擾明朝，長城最終失去了作用。

水利工程 68-69

都江堰

中國古代的水利工程，可分三類：一是防洪堤壩；二是便於交通的運河；三是農田灌溉溝渠。

都江堰則兼具了上述三大功能。公元前256年，秦昭襄王任命李冰擔任蜀郡太守。此前，每年到了雨季，岷江暴漲，都會令成都平原泛濫成災。李冰吸取前人的治水經驗，主持修建了都江堰水利工程。都江堰的主體工程包括魚嘴分水堤、飛沙堰溢洪道和寶瓶口進水口。竣工後，雨季起到兩重分流作用，旱季則使得300萬畝良田有水進行灌溉，還兼獲舟楫之利。自此岷江不再為害，成都平原成為天府之國，沃野千里，成為秦國統一戰爭的重要經濟保障。歷經兩千餘年，都江堰至今仍在發揮作用。

隋唐大運河

中國的地勢西高東低，河流大部分是由西向東流動，南北方缺乏天然的河道水系。而中國的政治中心在北方，經濟則逐漸以南方更發達，保證南方的物資源源不斷輸送到北方，是修造大運河的主要目的。公元584—611年，隋朝動用數以百萬計的勞力，相繼修建了廣通渠、永濟渠、通濟渠、山陽瀆和江南河五條運河，南起杭州，經揚州、洛陽，北達北京，西抵西安，溝通了錢塘江、長江、淮河、黃河、海河四大水系，全程2000多公里，成為溝通南北的交通大動脈，被稱為"隋唐大運河"。大運河對隋唐時期南北經濟、文化交流，維護全國統一和中央集權制的加強，都起了積極的促進作用。

京杭大運河

京杭大運河與隋唐大運河有着很大的前後相承關係，但又因為時代的區別而有着不同的特點。元朝定都北京後，把原來以洛陽為中心的隋代橫向運河，修築成以大都為中心，南下直達杭州的縱向大運河，新的大運河比繞道洛陽的隋唐大運河縮短了九百多公里。公元1293年，元代大運河全線通航，漕船可由杭州直達大都，運河的通航，促進了沿岸城市的迅速發展。明、清兩代維持元運河的基礎，並不斷完

善，最終形成了全長1794公里的京杭大運河。作為南北的交通大動脈，京杭大運河流經北京、河北、天津、山東、江蘇和浙江六省市，是世界上最長的一條人工開鑿的運河。

指南針

戰國時期，依據磁石的磁吸現象發明的"司南"，是世界上最早的指南針，有勺形和車形的區別。北宋時期，開始利用地磁感應來製作指南針，發明了指向更準確的指南魚和水浮磁針。水浮式指南魚是世界上第一件用人工磁體製作的指南工具。方法是將薄鐵片剪裁成魚形，加熱燒紅後，將鐵魚順南北方向擺在地上，因地磁感應，鐵魚冷卻後即帶有磁性，將它放在盛水的瓷碗內，魚的首尾分指南北。在不斷探索過程中，北宋科學家沈括還首次發現了磁偏角。北宋晚期，中國率先開始用指南針指引航海。南宋時，指南針和羅盤就已經由阿拉伯人傳入歐洲，極大推動了遠洋航行事業的發展。

造紙術

中國古代的文字，最早是在龜甲、竹簡、絲綢上書寫，但這類載體或書寫困難或成本昂貴，很難普及。西漢中期，出現了最原始的紙張，到了東漢時期，宦官蔡倫總結民間造紙技術，利用樹皮、麻頭及敝布、魚網等材料，製造出質地較好的紙張，被稱作"蔡侯紙"。到了唐朝，造紙術已經十分成熟，造紙成本大大降低。竹子等植物纖維被用於造紙，使得紙張變得更有彈性，更利於書寫和保存，還出現了灑金紙、白蠟紙等名貴加工紙。紙製品廣泛普及於民間日常生活之中，成為中國人最常用的書寫載體。造紙術由絲路傳播到歐洲，極大了推動了文化的傳播和文明的傳承。

印刷術

造紙術的進步，促進了印刷術的發展。唐初，發明了世界上最早的印刷術——雕版印刷。把文字以"陽文"反手刻在木版上，上塗墨汁，然後鋪上紙張滾磨。北宋時，將木版改為銅版，印刷質量更高，刻版也更易保存。平民畢昇更是在雕版印刷的基礎上，發明了活字印刷。他以膠泥刻字，用火燒硬。排版時，將泥活字用松脂、蠟等固定在鐵盤內，便可印刷。印刷完畢後，再把活字從鐵盤內拆下，以後印刷其他書籍時仍可使用。這是印刷技術一大飛躍。元、明之際，木活字、銅活字等逐漸出現並普及。活字印刷傳播到西方後，逐漸成為書籍的主要印刷方式，極大推動了文明的傳播。

火藥

在古代，道士們用硫磺、硝石等物質煉丹，以求長生，從而無心插柳發明了火藥。火藥發明後，很快就被用於軍事，唐代就已經發明了火箭，宋代則充分利用火藥增強了武器的攻擊性和破壞力。南宋時發明了原始的火槍，元明之際，銅製的"火銃"出現了。到了明代，火器發展到較高水平，不但發明了"神火飛鴉"、"火龍出水"等殺傷力較大的火器，還出現了火槍、火炮。作為明朝軍隊精銳之一的"神機營"，就是專門掌握火器的部隊。火藥傳入歐洲後，被不斷改良、革新，最終成為歐洲殖民者手中的利器。明代中後期，還曾從歐洲購買了佛朗機、紅夷大炮等新式武器。

陶瓷藝術 72-73

彩繪瓷器

彩繪瓷器可分為釉下彩、釉上彩、複合彩以及各種雜釉彩和素三彩等。其中釉下彩瓷器主要有釉下褐彩、釉下褐彩加釉下綠彩、釉下黑彩、釉下鈷藍彩（青花）、釉下銅紅彩（釉裏紅）、釉下鈷藍彩加銅紅彩（青花釉裏紅）、釉下鈷藍彩加銅紅彩和豆青彩（釉裏三色）、釉下五彩等品種。釉上彩主要包括純釉上五彩、瓷胎畫琺瑯（琺瑯彩）、洋彩、粉彩等。釉下彩與釉上彩相結合的複合彩主要包括青花五彩、鬥彩、青花加粉彩等。雜釉彩是對各種單一色地上繪單一色釉彩瓷器的稱謂。素三彩係指使用三種以上低溫釉彩裝飾，但基本不含紅彩的瓷器。

顏色釉瓷器

這類瓷器指以各種色釉裝飾，或不加任何裝飾；或僅在釉下以刻、劃、印、剔等技法進行裝飾，雖有少量在釉上或釉下彩繪裝飾者，但與色釉裝飾相比，彩繪裝飾明顯居於次要地位。中國陶瓷以釉裝飾的歷史比以彩裝飾要早。從三千多年前商代原始瓷上的青釉算起，中國陶瓷從單一的青釉逐漸發展到後來的黑釉、白釉、花釉、醬釉、黃釉、綠釉、紅釉、藍釉、紫釉、廠官釉、像生釉等，將中國陶瓷百花園裝點得絢麗多姿。唐代邢窯白瓷、越窯青瓷；宋代的五大名窯：汝、定、官、哥、鈞，燒造的都是顏色釉陶瓷。明代德化窯白瓷、清代的霽紅、郎窯紅和豇豆紅亦屬於顏色釉瓷器的絕世名品。

中國歷史朝代簡表

		起止時間	建國者	都城	備註
夏		約前 2070—前 1600 年	（姓姒）啟	陽城（河南登封東）、斟鄩（河南登封西北）、安邑（山西夏縣）	都城曾多次遷移
商		約前 1600—前 1046 年	（姓子）湯	亳（山東曹縣南）、殷（河南安陽）等	都城曾多次遷移，最後盤庚遷至殷。
西周		前 1046—前 771 年	武王姬發	鎬（西安）	
東周	春秋	前 770—前 458 年	平王姬宜臼	洛邑（洛陽）	春秋與戰國的分界還有前 476 年等多種説法。
	戰國	前 457—前 221 年			
秦		前 221—前 206 年	始皇帝嬴政	咸陽	
西漢		前 202—公元 8 年	高祖劉邦	長安（西安）	
新		公元 8—23 年	王莽	長安	
東漢		25—220 年	光武帝劉秀	洛陽	
三國	魏	220—265 年	文帝曹丕	洛陽	222 年孫權稱吳王，229 年稱帝。
	蜀	221—263 年	昭烈帝劉備	成都	
	吳	222—280 年	大帝孫權	建鄴（南京）	
西晉		265—316 年	武帝司馬炎	洛陽	
東晉		317—420 年	元帝司馬睿	建康（南京）	
十六國		304—439 年			先後有多個割據政權，泛稱"十六國"。
北朝	北魏	386—534 年	道武帝拓跋珪	平城（大同）、洛陽	北魏 398 年定都平城，494 年遷都洛陽。
	東魏	534—550 年	孝靜帝元善見	鄴城（臨漳）	
	西魏	535—557 年	文帝元寶炬	長安（西安）	
	北齊	550—577 年	文宣帝高洋	鄴城（臨漳）	
	北周	557—581 年	孝閔帝宇文覺	長安（西安）	
南朝	宋	420—479 年	武帝劉裕	建康（南京）	
	齊	479—502 年	高帝蕭道成	建康（南京）	
	梁	502—557 年	武帝蕭衍	建康（南京）	
	陳	557—589 年	武帝陳霸先	建康（南京）	
隋		581—618 年	文帝楊堅	大興（西安）	

	起止時間	建國者	都城	備註
唐	618—907 年	高祖李淵	長安（西安）	690 年武則天改國號周，直至 705 年中宗復位，恢復唐國號。
五代 十國	907—979 年			先後有梁、唐、晉、漢、周等十餘個割據政權。
北宋	960—1127 年	太祖趙匡胤	汴梁（開封）	
南宋	1127—1276 年	高宗趙構	臨安（杭州）	
遼 （契丹）	916—1125 年	太祖耶律阿保機	上京臨潢府（內蒙巴林左旗）等多處	916 年定國號契丹，947 年改國號為遼（983—1066 年曾重稱契丹）。
金	1115—1234 年	太祖完顏阿骨打	會寧（黑龍江阿城南）、中都（北京）、開封	
西夏	1038—1227 年	景宗李元昊	東京興慶府（銀川）、西京西平府（靈武）	
元	1271—1368 年	世祖孛兒只斤·忽必烈	大都（北京）	
明	1368—1644 年	太祖朱元璋	應天府（南京）、順天府（北京）	1421 年明成祖朱棣遷都北京。
清	1636—1911 年	太祖愛新覺羅·努爾哈赤	瀋陽、京師（北京）	努爾哈赤於 1616 年即汗位，國號金，史稱後金，建都赫圖阿拉（遼寧新賓），後遷遼陽，又遷瀋陽。1636 年皇太極即位，改國號清。1644 年順治帝入關，遷都北京。

中國歷史朝代歌

第一首

夏商與西周　東周分兩段
春秋和戰國　一統秦兩漢
三分魏蜀吳　兩晉前後延
南北朝並立　隋唐五代傳
宋元明清後　皇朝自此完

第二首

炎黃虞夏商，周到戰國亡，秦朝併六國，嬴政稱始皇。
楚漢鴻溝界，最後屬劉邦，西漢孕新莽，東漢遷洛陽。
末年黃巾出，三國各稱王，西晉變東晉，遷都到建康。
拓跋入中原，國分南北方，北朝十六國，南朝宋齊梁。
南陳被隋滅，楊廣輸李唐，大唐曾改周，武后則天皇。
殘唐有五代，伶官舞後莊，華歆分十國，北宋滅南唐。
金國俘二帝，南宋到蘇杭，蒙主稱大汗，最後被明亡。
明到崇禎帝，大順立闖王，金田太平國，時適清道光。
九傳至光緒，維新有康梁，換位至宣統，民國廢末皇。
五四風雨驟，建國存新綱，抗日反內戰，五星紅旗揚。